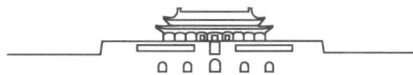

中华人民共和国史小丛书

主　　编 ｜ 朱佳木

执行主编 ｜ 武　力

新中国
第一部宪法的诞生

牟文鹏　著

北京出版集团

北京人民出版社

图书在版编目（CIP）数据

新中国第一部宪法的诞生 / 牟文鹏著. — 北京：
北京人民出版社，2021.3（2024.12重印）
（中华人民共和国史小丛书）
ISBN 978-7-5300-0515-6

Ⅰ. ①新… Ⅱ. ①牟… Ⅲ. ①宪法—法制史—中国—
现代 Ⅳ. ①D921.02

中国版本图书馆CIP数据核字（2021）第041982号

中华人民共和国史小丛书
新中国第一部宪法的诞生
XINZHONGGUO DI-YI BU XIANFA DE DANSHENG
牟文鹏 著
*
北 京 出 版 集 团
出版
北 京 人 民 出 版 社
（北京北三环中路6号）
邮政编码：100120
网 址：www.bph.com.cn
北 京 出 版 集 团 总 发 行
新 华 书 店 经 销
北 京 建 宏 印 刷 有 限 公 司 印 刷
*
880 毫米×1230 毫米 32 开本 6.125 印张 126 千字
2021 年 3 月第 1 版 2024 年 12 月第 4 次印刷
ISBN 978-7-5300-0515-6
定价：36.00 元
如有印装质量问题，由本社负责调换
质量监督电话：010-58572393

序

"中华人民共和国史小丛书"是为响应党中央关于在党员干部和广大群众特别是青年学生中加强新中国史学习、开展新中国史教育与宣传的号召，由中国社会科学院当代中国研究所和北京出版集团联合编辑出版的一套新中国史普及读物。

中华人民共和国史是指1949年中华人民共和国成立后，中国版图之内的社会与自然的历史。它上承中国近代史，是中国的现代史、当代史，或者说是中国历史的现代部分、当代部分。这一历史至今已有70年，目前仍在继续向前发展。它是中国有文字记载以来的历史中，真正由人民当家做主，且社会最稳定、民族最团结、国力最强盛、人民生活最富裕、经济和科技进步最快的时期。

早在新中国成立后不久，便有人研究和撰写新中国史，但严格意义上的新中国史编研，应当说始于中共十一届三中全会后对建国以来若干重大历史问题的总结。从那时起，党和国家陆续编辑出版了大量有关新中国史的文献书、资料书，成立了专事编研新中国史的当代中国研究所和各地编研当地当代史的机构，建立了全国性的新中国史工作者的社会团体和许多学术平台，产生了不胜枚举的新中国史学术成果，也涌现出为数众多的新中国史编研人才。所有这些，都为新中国史编研的持续开展提供了必要条件，奠定了坚实基础。

党的十八大以来，以习近平同志为核心的党中央，对新中国史的学习、研究、宣传给予了前所未有的高度重视。习近平每当讲到党史时，往往把它与新中国史并提。他强调："学习党史、国史，是坚持和发展中国特色社会主义、把党和国家各项事业继续推向前进的必修课。""要认真学习党史、国史，知史爱党，知史爱国。"

2019年3月"两会"期间，习近平在参加全国政协社会科学界与文艺界委员联席会时进一步指出，我们国家在过去70年里发生了翻天覆地的变化，希望大家深刻反映新中国70年来党和人民的奋斗实践，深刻解读新中国70年历史性变革中所蕴藏的内在逻辑，讲清楚历史性成就背后的中国特色社会主义道路、理论、制度、文化优势，更好地用中国理论解读中国实践，为党和人民继续前进提供强大精神激励。

同年7月，中共中央"不忘初心、牢记使命"主题教育领导小组又专门就认真学习党史和新中国史的工作印发通知，要求各地区、各部门、各单位把学习党史、新中国史作为主题教育的重要内容。

党中央对新中国史学习与宣传教育的高度重视，为新中国史编研的进一步开展创造了良好的社会环境，也大大提高了社会对新中国史的关注度和对新中国史书籍的需求。本丛书就是在这种大背景下策划和推出的。

本丛书以展示新中国历史发展的主题、主线、主流、本质为宗旨，以新中国的典章制度和重要事件、人物以及事业发展、社会变迁、历史成就为内容，以新中国史学科的专家、学者为依托，以中等以上文化程度的读者为对象，以学术性、准确性、通俗性相结合为原则，以记叙文为文体，每本书只记述一件事或一个人物，字数一般在10万字左右。

新中国史的内容极为丰富，应写、可写的题目非常之多，但囿于编委会能力所限，第一批书目仅列了100种，计划每年推出10—20本，在五六年内出齐。今后如有可能，我们将会继续编辑出版。

今年是中华人民共和国成立70周年，我们谨以本丛书向70周年大庆献礼，祝愿我们的伟大祖国不断繁荣昌盛，从胜利走向新的胜利！

朱佳木

2019年9月1日

目　录

前　言

宪法是国家的根本大法，是治国安邦的总章程。1954年9月20日，第一届全国人民代表大会第一次会议全票通过《中华人民共和国宪法》（又称"五四宪法"）。这是新中国的第一部宪法，也是中国几千年历史长河中的第一部社会主义类型的人民宪法，它的诞生，在我们国家的政治生活中具有重大的历史意义。

"五四宪法"是我国第一次以根本大法的形式，记录了全国人民在中国共产党的领导下，进行长期革命斗争取得的胜利成果；第一次以根本大法的形式，确认了千百年来受压迫人民群众翻身做主人，成为国家主人翁的事实；第一次以根本大法的形式，确定了我国的各项基本制度，如人民民主专政制度、人民代表大会制度、民族区域自治制度等。

"五四宪法"不仅奠定了新中国的法律基石，也对新中国的政治演进产生了深远影响，承载着深厚的历史意蕴。刘少奇在《关于中华人民共和国宪法草案的报告》中指出："我们提出的宪法草案，是中国人民一百年来英勇斗争的历史经验的总结，也是中国近代关于宪法问题和宪政运动的历史经验的总结。"全面认识"五四宪法"，应当从其诞生的历史入手。

深化对宪法的认识，首先要回答制定"五四宪法"的决策问题。这部生成于中国社会"过渡"时期的宪法，其本身也具有"过渡"性质。根据世界上的立宪经验，制宪活动一般都是在社会基本定型，各种社会关系基本处于稳定的状态下进行的，特别是后发宪政化的国家更是如此。[①]为什么要在1954年制定宪法，而不是在此之前，或者在此之后?从1952年10月，中共中央认为《共同纲领》作为各民主阶级、各党各派团结奋斗的政治基础，"它在群众中在各基层具有很好的威信"，"是否要制定宪法也还可以考虑"，到同年11月，中共做出准备召开"全国人大"和制定宪法的决定，再到1953年制宪工作暂缓，1954年毛泽东亲自挂帅主持宪法起草，经历了一个较长的过程，从中反映出中国共产党人对一些重大问题认识的深化和转变。

深化对宪法的认识，还需要厘清"五四宪法"的制

---

① 周永坤主编：《东吴法学》（2004年卷总第9卷），法律出版社2004年版，第104页。

定过程。"制定"在法理上包含了"起草"、"讨论"和"通过"这3个要素，只有分析了"起草"、"讨论"和"通过"的过程，才能对宪法的制定问题有个清晰的判断。"起草"是"制定"的关键性环节，它也最能表达"制定"的本质。"五四宪法"的起草是在中国共产党的领导下，由党的最高领导者直接主持实施的，从而保证了其社会主义性质。毛泽东在1954年6月做了这样的回顾："宪法的起草，前后差不多七个月。""前后总算起来，恐怕有一二十个稿子了。""讨论"既是宪法制定的过程，也是"制定"的仪式，宪法草案先是经过在京500人讨论，再经过全国有代表性的8000多人讨论，最后经过了全民讨论。"通过"是"全国人大"的权力表达，宪法草案在第一届全国人大第一次会议审议通过。通过对上述宪法制定三要素的研究，一个基本事实是，它集中体现了社会主义原则与人民民主原则，是人民意志和人民利益的表达。因此，对这部宪法的一个基本评价是"得人心"。

深化对宪法的认识，必然涉及党在过渡时期的理论，涉及开国领袖宏伟的治国理想和信念，涉及新中国第一次全国选举运动，涉及第一届全国人大第一次会议召开的全过程，以及会议召开前后国家领导体制的调整等问题。这一系列问题，对"五四宪法"决策的做出、制定过程都有着深远的影响。

　　本书以"五四宪法"的诞生为讨论对象，沿着历史脉络，以史为线，以史为据，对"五四宪法"的历史背景、决策动因、起草过程、机构程序、审议通过等方面，深入挖掘史料，对一些重点史实进行探幽发微。希望通过笔者的努力，能够让读者更加深入地了解与认识"五四宪法"，同时，为普及国史贡献一点微薄力量。

第一章　背景：制定宪法的决策动因

1952年11月，中共中央做出决定：尽快召开全国人民代表大会和制定宪法。促使中共中央做出这个决定的历史背景是多方面的，既有带有中华人民共和国临时宪法性质的《共同纲领》自身的因素，也有当时国内环境深刻变化、国际形势趋于缓和的因素，同时还受苏联因素的影响。

一、《共同纲领》的过渡性

近代以来各民主国家，尤其是二战后的新生政权国家，都把制定宪法作为国家的一项首要任务，以此建立和维护统治秩序。从中共早期政治构想看，武装斗争是夺取政权的主要形式，而新政权要运用现代民主政治程序，召开普选的人民代表大会，制定一部根本大法，使其基本制度、国家机构获得人民的同意和拥护，国家机构及其组成人员的权力获得法律授予，从法理上奠定政权的合法性，这是新社会和新国家必要的民主活动。

从《新民主主义论》《论联合政府》，到1947年的"十二月会议"、1948年的"九月会议"，中国共产党对这一政治构想进行了不断的丰富和完善，对新中国基本格局的理论设计也日臻成熟。但是，新民主主义革命后期，革命形势一日千里，"几个月等于过去多少年"[①]，情势的发展，时局的变化，出乎所有人意料，也给党中央带来了新的问题。

中国共产党原本认为，打败国民党，赢得新民主主义革命的胜利，建立新中国是一个比较长的过程。1947年2月，毛泽东曾估计，"革命胜利还有相当长时间"，甚至"多则十年到十五年"。半年后，他还说，"计划用五年时间来解决"，"还是要准备长期斗争"。[②]正是基于上述判断，同年12月召开的中央政治局会议，一些同志提出组建政府、制定宪法等问题。毛泽东说："关于组织革命的中央政府，现在暂不考虑"，"时机目前尚未成熟"。而宪法，虽"应该着手研究"，但"近期内不会颁布，过早颁布也是不利的"，颁布宪法"是将来的问题"。[③]

到了1948年，情况发生了根本变化。尤其三大战

---

① 《习仲勋文集》，中共党史出版社2013年版，第104页。

② 中共中央文献研究室编：《毛泽东文集》第四卷，人民出版社1996年版，第223、267页。

③ 胡乔木：《胡乔木回忆毛泽东》，人民出版社2003年版，第504页。

役后，社会各阶层"对于南京政权能否维持都已失去信心"，人们也"看到了蒋介石的灭亡不可避免，因而将希望寄托在中国共产党人和解放军身上"。此时，中国的命运开始真正"操在人民自己的手里"①，建立新中国已成为全国大多数人的普遍诉求，成为人心所向，大势所趋。也就是从那时起，在中共中央的议事日程里，"不再仅是新民主主义'是什么'的问题，而且是新民主主义'怎样做'的问题"②。

中国革命胜利到来得如此之快，出乎中央的预料的同时，也使得原本还是研究准备的问题骤然变成了紧迫的现实课题。1948年9月，毛泽东在中央政治局会议上说："中央政府的问题，十二月会议只是想到了它，这次会议就必须作为议事日程来谈论。"③国不可一日无政府，国民党政府即将被打倒，"我们把旧的打碎了，一定要建立新的，否则就是无政府主义"。建立新政权，"自然要创造法律、法令、规章、制度"④，按照之前的政治

---

① 《毛泽东选集》第四卷，人民出版社1991年版，第1275、1467页。

② 中国人民政治协商会议全国委员会文史资料研究委员会编：《五星红旗从这里升起——中国人民政治协商会议诞生记事暨资料选编》，文史资料出版社1984年版，第161页。

③ 中共中央文献研究室编：《毛泽东文集》第五卷，人民出版社1996年版，第136页。

④ 中共中央文献研究室、中央档案馆编：《建党以来重要文献选编（1921—1949）》第二十五册，中央文献出版社2011年版，第578页。

构想，新民主主义的政权组织，应该采取民主集中制，由各级人民代表大会决定大政方针，选举政府，制定法令。而现实情况却是如周恩来所说，"是非常困难的"。全国在尚未解放的情况下召开普选的人民代表大会，几乎是不可能完成的任务，而新的中央政府的建立又不能拖延太久，所以只能采取过渡的办法。

1949年1月8日，中共中央决定：在1949年内召开新的政治协商会议，宣告新中国成立，组成中央政府，并"叫代表各阶级各阶层的各个方面拿出自己需要的政治主张和具体方案"，"讨论出一个'衷于一是'的政治纲领"。[①]9月29日，经过中共和各民主党派的通力合作，带有临时宪法性质的《中华人民共和国共同纲领》（以下简称《共同纲领》）在人民政协全体会议上正式通过。《共同纲领》分为序言和总纲、政权机构、军事制度、经济政策、文化教育政策、民族政策、外交政策7章，总计60条，7000多字。《共同纲领》明确规定了"中华人民共和国为新民主主义即人民民主主义的国家，实行工人阶级领导的、以工农联盟为基础的、团结各民主阶级和国内各民族的人民民主专政"，"人民行使国家政权的机关为各级人民代表大会和各级人民政府"。《共同纲领》是"中国

---

① 石光树编：《迎来曙光的盛会——新政治协商会议亲历记》，中国文史出版社1987年版，第95页。

历史上一个极端重要的文献"，承载了奠定新中国基本格局和未来走向的一系列重大决策，"确定了我们国家的政权机构和军事制度，决定了我们国家的经济政策、文化教育政策、民族政策和外交政策"。同时，它也"清楚地指出了哪些事是应该做而且是必须做的，又有哪些事是不应该做而且不允许做的"①，从而勾画出一幅建设新中国的比较完整和清晰的蓝图。

从实践进程看，《共同纲领》从提出到颁布用时很短，既是"革命形势飞速发展"倒逼的产物，也是"共产党领导下党派协商"的结晶。从现实效果看，无论是共产党还是民主党派，对这个《共同纲领》都是满意的。《共同纲领》总体是符合政治预期的。它"包括了共产党的最低纲领"，而"共产党的当前政策，就是要全部实现自己的最低纲领"。因此，毛泽东认为："《共同纲领》必须充分地付之实行，这是我们国家现时的根本大法。"②刘少奇也指出，这是"一部人民革命建国纲领。这是目前时期全国人民的大宪章"，"中国共产党完全遵守它的一切规

---

① 中国人民政治协商会议全国委员会文史资料研究委员会编：《五星红旗从这里升起——中国人民政治协商会议诞生记事暨资料选编》，文史资料出版社1984年版，第312页。

② 中共中央文献研究室编：《毛泽东年谱（1949—1976）》第一卷，中央文献出版社2013年版，第156页。

定，并号召全国人民为其彻底实现而奋斗"。①

　　需要强调的是，新政协是由于"政治的需要"和发展的形势，"逼促了我们进行这项筹备工作"②，但这只是一个过渡步骤，新政协全体会议代替执行全国人民代表大会的职权，"制定宪法性质的纲领与组织法"③。具有宪法性质的"纲领政策"或"施政纲领"，不是真正意义的宪法。尽管强调《共同纲领》为"根本大法""大宪章"，但同时《共同纲领》的内容里也规定了其"临时性"与"过渡性"。如第十三条，对全国政协的"代行权力"特别说明，"在普选的全国人民代表大会召开以后，中国人民政治协商会议得就有关国家建设事业的根本大计及其他重要措施，向全国人民代表大会或中央人民政府提出建议案"。第十四条则规定："凡在军事行动已经完全结束、土地改革已经彻底实现、各界人民已有充分组织的地方，即应实行普选，召开地方的人民代表大会。""即应"二字表明，《共同纲领》只能在一个时期内起到临时宪法的作用，待到时机成熟时，召开普选

　　① 中共中央文献研究室、中央档案馆编：《建国以来刘少奇文稿》第一册，中央文献出版社1998年版，第58页。
　　② 中国人民政治协商会议全国委员会文史资料研究委员会编：《五星红旗从这里升起——中国人民政治协商会议诞生记暨资料选编》，文史资料出版社1984年版，第298页。
　　③ 政协全国委员会编：《开国盛典：中华人民共和国诞生重要文献资料汇编》上编，中国文史出版社2009年版，第49页。

的人民代表大会，制定颁布宪法，仍是中国共产党的政治追求。

二、举办全国选举工作的条件已经成熟

从1949年到1952年，几年时间里，国内环境发生深刻变化，各级人民政权相继建立并得到巩固；国民经济基本完成恢复，国家财经状况实现根本好转；社会进行全面民主改造，社会面貌焕然一新。正是基于此，1953年1月13日，毛泽东在中央人民政府第二十次会议上判断"举办全国选举工作的条件已经成熟"[①]，宪法制定工作也由此提上日程。

1.各级人民政权的建立和巩固

1949年10月1日中华人民共和国的成立，标志着新民主主义革命的胜利。全国性政权的建立，有了制定宪法的前提。但是新生的政权依然"面临着很多严峻的考验"，尤其是全国还有130多万平方公里的国土没有解放，"国民党还有上百万军队在西南、华南和沿海岛屿负隅顽抗"。[②]《共同纲领》第二条规定："中华人民共和国中

---

① 中共中央文献研究室编：《毛泽东文集》第六卷，人民出版社1999年版，第257页。
② 中共中央党史研究室：《中国共产党历史（第二卷）》上册，中共党史出版社2011年版，第19页。

央人民政府必须负责将人民解放战争进行到底，解放中国全部领土，完成统一中国的事业。"

根据《共同纲领》的要求，朱德总司令在开国大典宣布的《中国人民解放军总部命令》指出，"现在我们的战斗任务还没有完成"，"必须继续努力，实现人民解放战争的最后目的"。①经过一年多的紧张作战，人民解放军共消灭大陆和海岛上残存的国民党部队128万余人，收编改造170万投诚起义人员，顺利实现了中国大陆的解放。

在解放军胜利进军的同时，新解放区也按照《共同纲领》的规定，"凡人民解放军初解放的地方，应一律实施军事管制"，建立临时性过渡政权——军事管制委员会，自上而下地任命人员组成地方人民政府，领导人民建立革命秩序，镇压反革命活动，安定社会秩序，恢复经济生产。在战争刚结束时，军事管制虽然对迅速恢复国家稳定是最理想的选择，但自上而下的委任形式，无论在理论上还是在现实中都只能是一种过渡形式。在各级人民代表大会短时间内无法召开的情况下，一种新的民主形式——人民代表会议诞生。

人民代表会议初期，一般由军事管制委员会负责召集该地区具有代表性的人物组成，作为政府的咨询机关，主

---

① 中共中央文献研究室编：《建国以来重要文献选编》第一册，中央文献出版社1992年版，第2、22页。

要任务是听取报告、反映群众意见，提出批评和建议等。随后，人民代表会议性质发生变化，开始代行人民代表大会职权。1949年12月，中央人民政府发布省、市、县各界人民代表会议组织通则，要求凡具备条件的地方，应抓紧召开各界人民代表会议，并促使其逐步代行人民代表大会职权，选举产生各该级的人民政府。1950年6月，毛泽东在党的七届三中全会上指出，"必须认真开好足以团结各界人民共同进行工作的各界人民代表会议"，"人民政府的一切重要工作都应交人民代表会议讨论"。①1951年2月，刘少奇在北京市第三届人民代表会议上说："人民代表会议与人民代表大会制度，是我们国家的基本制度，是人民民主政权的最好的基本的组织形式。"②

1951年4月，政务院在总结经验的基础上，发布了《关于人民政权建设工作指示》，对各界人民代表会议做出规定："各级人民政府必须依照各级人民代表会议组织通则的规定，按期召开各级人民代表会议，其中大城市每年至少须开三次，县至少须开两次，此外为了解决某一个专门的问题，并应召开简短的临时会议。"同时在程序上规定，"各级人民政府的一切重大工作，应向各该级

---

① 中共中央文献研究室编：《毛泽东文集》第六卷，人民出版社1999年版，第71页。

② 《刘少奇选集》下卷，人民出版社1985年版，第56页。

人民代表会议提出报告，并在代表会议上进行讨论与审查"，"一切重大问题应经人民代表会议讨论并做出决定"。^①到1952年，全国已经建立起了28个省人民政府、1个自治区人民政府、9个省级行政公署、12个中央和大行政区直属的市人民政府、67个省辖市人民政府、2087个县人民政府。除台湾外，所有的省、市、县、区、乡都召开了人民代表会议，代行人民代表大会职权，绝大多数的乡人民政府已经由同级人民代表会议选举产生。

实践证明，人民代表会议是过渡到普选的人民代表大会制度的适当形式，人民代表会议的普遍实行，有利于巩固人民民主专政，推进民主政权建设，加强民主政治建设，同时也使人民接受了必要的"民主训练"，为将来人大代表制度的实行积累了宝贵经验。

2.国民经济基本完成恢复

经济基础决定上层建筑。宪法作为上层建筑的重要组成部分，与社会经济情况有着密切关系。1950年6月，毛泽东在七届三中全会上提出，"在三年左右的时间内"，争取"国家整个财政经济状况的根本好转"。^②经过3年多

① 中共中央文献研究室编：《建国以来重要文献选编》第二册，中央文献出版社1992年版，第231页。
② 中共中央文献研究室编：《毛泽东文集》第六卷，人民出版社1999版，第70页。

的艰苦奋斗，到1952年，国民经济得到基本恢复，"并有了较大发展"，为下一阶段国家各项事业的发展奠定了基础。

1952年，农村经济基本恢复到历史最高水平，农业总产值达483.9亿元，比1949年增加48.5%，年均增长14.1%。主要农副产品产量增加迅速，其中全国粮食总产量从1949年的2263.6亿斤，增加到3278.4亿斤，较历史最高年份增长9.3%。棉花总产量从1949年的888万担，增加到2608万担，较历史最高年份增长53.6%。[①]

工业生产的恢复，也在艰难中起步。按可比价格计算，1950年工业总产值比1949年增长36.4%，1951年比1950年增长38.2%，1952年又比1951年增长29.9%，平均每年增长34.8%，1952年工业总产值349亿元，比历史最高年份增长22.5%。主要工业产品较上一年都有大幅增长，钢铁增长50%，原煤增长24.5%，发电量增长28.7%。[②]工业主要产品均超过历史最高水平。

交通运输业作为国民经济的基础设施，是国民经济恢复的重点。3年间，国家安排交通运输的投资共17.7亿元，占全国基建投资总额的22.6%。1949年，修复铁路里

---

① "当代中国丛书"编委会：《当代中国的农业》，当代中国出版社1992年版，第78页。

② 金冲及：《二十世纪中国史纲》第三卷，社会科学文献出版社2009年版，第771页。

程8300公里，修复桥梁2715座；到1950年底，修复的铁路里程达到14089公里。1952年底，重修加上新建的铁路，全国铁路总里程达到24578公里，铁路基本实现全国畅通。到1952年底，全国公路通路总里程达到13万多公里，达到历史最高水平。

国家财政状况有了根本好转。到1952年，国家财政收支不但达到平衡，并且略有结余，3年里，财政总收入为382.05亿元，总支出为366.56亿元，结余15.49亿元。[①]与此同时，城乡人民收入也逐年增长，人民生活水平得到改善。按可比价格算，1952年全国职工平均消费额189.5元，较历史最高年份增长35%。农民净货币收入由1949年的68.5亿元增加到1952年的127.9亿元，增加86.7%；从1949年到1952年，各地农民收入增长30%。人民的购买力有很大提高，"全国人民在1951年的购买力比1950年提高了25%左右"[②]。

经济在恢复和发展的同时，国民经济结构也发生了深刻的变化。一方面，发展质量明显提高。工业（包括手工业）总产值在全国工农业总产值中的比重，从1949年的30%上升到41.5%，现代工业产值比重由17%上升到

① 陈如龙主编：《当代中国财政》上，中国社会科学出版社1988年版，第81页。

② 金冲及：《二十世纪中国史纲》第三卷，社会科学文献出版社2009年版，第772页。

26.6%，现代重工业比重由1949年的26.4%上升到35.5%。[①]
另一方面，经济成分性质变化明显。《共同纲领》规
定："调剂国营经济、合作社经济、农民和手工业者的个
体经济、私人资本主义经济和国家资本主义经济，使各种
社会经济成分在国营经济领导之下，分工合作，各得其
所，以促进整个社会经济的发展。"各种经济成分，都有
了较为明显的发展，国营经济的发展尤为迅速，在整个国
家经济体系中的主体地位也越发凸显。在工业生产总值公
私比中，1949年国营经济占43.8%，私营经济占56.2%；
到1952年底，国营经济上升到67.3%，私营经济下降到
32.7%。从国家财政收入比重看，1950年国营经济向国家
提供了21.75亿元，占国家财政总收入的33.4%；1951年提
供了59.74亿元，占国家财政总收入的47.8%；1952年则增
加到101亿元，占国家财政总收入的58.1%。[②]

　　上述数据表明，国民经济不是简单数量的发展和质量
的提高，同时也伴随着性质的变化。国营经济正逐渐在整
个国民经济体系中占据主体地位，成为国家发展生产、繁
荣经济的基础性力量。经济的基本恢复，为实行社会主义
改造、实现向社会主义过渡奠定了基础，也为上层建筑的

---

① 柳随年、吴敢群主编：《中国社会主义经济年史（1949—1983）》，黑
龙江人民出版社1985年版，第72页。
② 财政部办公厅编：《中华人民共和国财政史料：第二辑　国家预算决算
（1950—1981）》，中国财政经济出版社1983年版，第7页。

变革创造了条件。

3.社会生活发生深刻变化

宪法是社会生活的产物，反映着社会生活。尽管宪法并不必然与社会发展保持同步，但宪法的变迁从来都没有与社会发展相脱离。3年时间里，中国共产党在对近代中国留下的政治遗产、经济遗产进行清理和改造的同时，也着手对社会进行全面的革新改造。

一是实现彻底的土地改革。封建土地制度是造成农民贫苦、农业落后的总根源，是中国实现工业化的障碍。新中国刚成立时，大约仍有2.9亿农业人口的新解放区和待解放区没有进行土改。按照《共同纲领》规定："凡已实行土地改革的地区，必须保护农民已得土地的所有权。凡尚未实行土地改革的地区，必须发动农民群众，建立农民团体，经过清除土匪恶霸、减租减息和分配土地等项步骤，实现耕者有其田。"①于是，在全国范围废除封建土地所有制成为中国共产党全国执政初期的主要任务之一。1950年6月30日，毛泽东发布命令，公布实施了《中华人民共和国土地改革法》，一场涉及几亿人口的土地制度改革运动，以空前的规模在中国广大农村轰轰烈烈地展开。

---

① 中共中央党校党史教研室编：《中共党史参考资料》第七册，人民出版社1980年版，第22页。

到1952年底，在党的统一领导组织下，除新疆、西藏及某些边远少数民族地区外，土地改革基本完成。约有3亿多无地少地农民分得了7亿亩土地，免除了每年向地主缴纳的700亿斤粮食的负担。①土地改革完成后，占农村人口92.1%的贫农、中农，占有全部耕地的91.4%；原来占农村人口7.9%的地主富农，只占有全部耕地的8.6%。②千百年来农民渴望的"耕者有其田"的理想变成了现实，激发了亿万农民的生产热情，也进一步巩固了党的执政基础。

二是全方位的社会民主改造。为使新中国走出半殖民地半封建社会的泥潭，彻底清除旧社会留下的污毒，树立全新的社会风尚，中共领导了一场全方位社会民主改造。首先，废除旧婚姻制度。《共同纲领》第六条规定："中华人民共和国废除束缚妇女的封建制度。"③1950年5月，中央人民政府颁布了《中华人民共和国婚姻法》（简称《婚姻法》），明确废除包办强迫、男尊女卑、漠视子女利益的封建主义婚姻制度。实行男女婚姻自由、一夫一妻、男女权利平等、保护妇女和子女合法利益的新民主主义婚姻制度。1953年3月，全国开展宣传贯彻《婚姻法》

---

① 林蕴晖、范守信、张弓：《凯歌进行的时期：1949—1976年的中国》，人民出版社2009年版，第101页。

② 国家统计局：《建国三十年全国农业统计资料（1949—1979）》，1980年内部版，第5页。

③ 中共中央文献研究室编：《建国以来重要文献选编》第一册，中央文献出版社1992年版，第3页。

运动月活动，使《婚姻法》家喻户晓、深入人心。其次，扫除鸦片烟毒。1950年2月，周恩来签发了《政务院关于严禁鸦片的通令》，规定"全国各地不许再有贩运、制造及售卖烟土毒品情事，犯者不论任何人，除没收其毒品外，须从严治罪"，"吸食烟毒的人民限期登记，并定期戒除"。[①]同月，周恩来又签署了《政务院重申毒品禁令》，强调"所有机关、部队、团体，均不得在国内外买卖毒品"。1952年4月，中共中央印发了《关于肃清毒品流行的指示》，要求"在全国范围内有重点地大张旗鼓地发动一次群众性运动，来一次集中的彻底的扫除"[②]。到1952年底，禁烟运动成果巨大，全国1200个禁毒重点区，查出毒贩36.9万人，逮捕8.2万人，处决880人，基本结束了百年来毒品猖獗的历史。再次，废除娼妓制度。关闭妓院、改造妓女是清除旧社会流毒、社会民主改造的重要任务之一。1949年11月21日，北京市第二届各界人民代表会议通过《关于封闭妓院的决定》，决定要求"立即关闭一切妓院，集中所有妓院老板、领家、鸨儿等加以审查和处理"，"妓女加以训练，改造其思想，医治其性病"。[③]

① 中共中央文献研究室编：《建国以来重要文献选编》第一册，中央文献出版社1992年版，第128—129页。
② 中共中央文献研究室编：《建国以来重要文献选编》第二册，中央文献出版社1992年版，第152页。
③ 北京市档案馆、中共北京市委党史研究室编：《北京市重要文献选编（1948.12—1949）》第一册，中国档案出版社2001年版，第835页。

当晚北京市查封妓院224家，收容妓女1268人。随后，全国各大城市都采取措施，全国共查封妓院8400余家，短时间内禁绝了旧社会延绵千年的丑恶制度。

三是企业职工的翻身运动。在农村进行土地改革的同时，城市企业职工也掀起了一场民主改革运动。新中国成立初期，为了尽可能减少战争的破坏，不打破原有生产机构，对旧的企业采取"原封不动"包下来政策，这在当时是必要的。但是旧企业不同程度存在工人群众痛恨的封建把头制、侮辱工人的搜身制等问题。对此，在企业中发动一场自下而上的民主改革运动，激发广大工人在企业中的主人翁作用势在必行。1951年11月，中共中央发出《关于清理厂矿交通等企业中的反革命分子和在这些企业中开展民主改革的指示》，要求"必须用足够的力量，发动与依靠工人，有领导、有计划、有步骤地争取于一九五二年年底以前对工厂、矿山和交通等企业部门，首先对国营工矿交通等企业内的残余反革命势力，加以系统的清理，并对国营企业内所遗留的旧制度，进行或者进一步地完成必要的和适当的民主改革"①。在各级党委领导下，工矿企业的民主改革普遍开展。对于这场民主改革，工人反映说："吐了苦水，搬掉了头上的

---

① 中共中央文献研究室编：《建国以来重要文献选编》第二册，中央文献出版社1992年版，第454页。

石头，彻底翻身见了青天，身上有使不完的劲。"①这种新变化，凸显了社会主义新型生产关系的力量，有力促进了生产力的恢复和发展。

三、"争取十五年不打仗是可能的"

注重对国际形势的观察和分析，将中国与世界作为一个整体通盘观察、通盘考虑，是中国共产党一个重要的领导方法和工作方法。和平的国际环境和相对稳定的局势，是进行全国性普选、制定宪法所必不可少的。相对于1949年新中国成立初期国际环境的险象迭生，1952年后新中国所处的国际环境则要稳定、平和得多。

1.成功打破包围封锁

新中国成立初期，以美国为首的西方国家对新中国采取包围封锁的敌视政策。主要表现在3个方面：一是拒绝承认中华人民共和国，继续支持国民党政府；二是剥夺新中国在联合国等国际组织的合法席位；三是对新中国封锁禁运。面对考验，从1949年上半年起，中共先后提出"另起炉灶"、"打扫干净屋子再请客"和"一边倒"的三大

① 中共中央党史研究室：《中国共产党历史（第二卷）》上册，中共党史出版社2011年版，第103页。

外交政策。到1952年底，形势发生彻底改变。

明确宣布联合苏联，加入社会主义国家阵营，打开对外关系的局面。1949年10月2日，苏联宣布承认中华人民共和国，向新中国派遣大使，断绝与国民党政府的外交关系。在苏联的带动下，其他社会主义国家也纷纷来电，表示愿意与新中国建立外交关系。新中国迎来了第一次建交高潮，从1949年10月到1950年1月，新中国先后与保加利亚、罗马尼亚、匈牙利、朝鲜民主主义人民共和国、捷克斯洛伐克、波兰、蒙古、德意志民主共和国、阿尔巴尼亚、越南民主共和国等10个国家建立外交关系。①

非社会主义国家第一个承认新中国的是邻国缅甸，此后印度、巴基斯坦、印度尼西亚等国也相继承认新中国。锡兰、阿富汗、以色列等国也较早表示承认新中国。同时，欧洲的英国、挪威、丹麦、芬兰、瑞典、荷兰等资本主义国家也相继承认新中国。这些国家与新中国建立外交关系、承认新中国的地位，有力地打破了美国主导的对华孤立封锁。

在打破外交孤立的同时，中国还成功破解了美国的封锁禁运。新中国成立初期，美国在经济上给中国设置各种障碍，企图封锁扼杀新中国的经济。比如，美国甚至规定

---

① 中共中央党史研究室：《中国共产党历史（第二卷）》上册，中共党史出版社2011年版，第27页。

凡是接受其援助的国家，如违反对中国禁运措施，就取消援助。在美国威胁鼓动下，到1953年共有45个国家对中国进行禁运。[①]

为了打破这种情况，中国开始积极发展同苏联和东欧社会主义国家的经济关系。尽管国际环境不利，但是成效比较明显。到1950年，中国即结束了长达70年之久的贸易入超局面，进出口贸易总额达到历史最高水平。1950年6月，朝鲜战争发生后，西方的封锁禁运持续加码，中国同社会主义阵营国家的贸易进入加速发展期，并先后与苏联、蒙古、匈牙利等多个国家签署贸易协定。到1952年，中国与苏联、东欧及亚洲社会主义国家的贸易总额已占到中国对外贸易总额的81.26%。[②]

2.争取和平环境的可能性

和平因素对中共的重大决策有着重要影响。新中国成立之初，毛泽东出访苏联，问斯大林的第一个问题是关于第三次世界大战的可能性。1949年12月16日，在克里姆林宫，毛泽东说："目前最重要的问题是保障和平问题。中国需要三至五年的和平时间，把经济恢复到战前水平和

---

① 谢益显：《中国当代外交史（1949—2001）》，中国青年出版社2002年版，第17、18页。
② 郭德宏：《中国共产党历程》第二卷，河南人民出版社2001年版，第48页。

稳定国内局势。中国这些重大问题能否解决，取决于是否有和平的前途。""因此，中共中央委托我向您了解，如何和多大程度上能够保障国际和平。"①斯大林回答说："中国目前并不存在直接的战争危险：日本还没站稳脚跟，它对战争没有做好准备。""美国尽管叫喊战争，但他最怕战争；欧洲各国被战争吓怕了。实际上谁也不会同中国打仗。""如果我们齐心协力，不仅能够保障五至十年的和平，而且能够保障二十至二十五年，甚至更长时间的和平。"②

　　现实是残酷的，局势是多变的。1950年朝鲜战争爆发，为了保家卫国，中国人民志愿军入朝作战，经过两年的艰苦斗争，到1952年时，形势已大为好转。从1951年7月开始，朝鲜战场开始进入边打边谈阶段。11月，双方就军事分界线问题达成协议，决定以实际接触线为界，双方军队各由此线后退两公里作为非军事区。1952年8月，毛泽东在分析朝鲜局势时说道："究竟打到哪一年为止，谈到什么时候？我说：谈还是要谈，打还是要打，和还是要和。为什么和还是要和呢？三十年战争、百年战争是不会有的，因为长期下去对美国很不利"，"总之对美国来

---

　　① 中共中央文献研究室编：《毛泽东年谱（1949—1976）》第一卷，中央文献出版社2013年版，第594页。
　　② 中共中央文献研究室编：《毛泽东传（1949—1976）》上，中央文献出版社2004年版，第33页。

说，大势所趋，不和不利"，"说马上要打第三次世界大战，是吓唬人的"。[①]

尽管战争仍在进行，世界局部摩擦依然剧烈，"国际上社会主义与帝国主义两大阵营的尖锐对立，不能排除再次爆发大战的可能"，"而二次世界大战后，各参战国都有个恢复元气、发展经济的问题，资本主义国家之间争夺世界范围的工业原料和产品销售市场的矛盾日益加剧，短期内难以再次发动大规模战争"。[②]因此，毛泽东从国际战略高度分析道："结论大体十年到十五年打不起来"，"争取十五年不打仗是可能的"，"要打，是资本主义内部打"。[③]正是由于对国家和平的判断，使中共准备将国家各项建设，包括制定宪法等提上日程。后来的事实也证明，党中央对国际形势的预测和把握是完全正确的。

四、来自斯大林的制宪提议

至1952年，经过三年努力，国内的政治、经济、社

---

① 中共中央文献研究室编：《建国以来重要文献选编》第三册，中央文献出版社1992年版，第262页。

② 薄一波：《若干重大决策与事件的回顾》上，中共党史出版社2008年版，第153页。

③ 薄一波：《关于过渡时期总路线提出问题致田家英的信》，《党的文献》，2003年第4期。

会等各方面都发生积极变化，国际形势也趋好。根据中国人民政治协商会议第一届全体会议通过的《中国人民政治协商会议组织法》第六条规定："中国人民政协全体会议，每三年开会一次，由全国委员会召集之"①。此时，摆在中共面前的选择有两个：一是继续沿用临时宪法性质的《共同纲领》，准备召开全国政协第二届会议；二是召开普选的全国人民代表大会，制定新中国正式宪法。

从公开资料看，1952年10月前，中共倾向于继续沿用《共同纲领》。1950年6月30日，周恩来在全国政协委员学习委员会报告会上专门作了学习《共同纲领》的报告，"详尽阐释了《共同纲领》的序言、总纲及其有关各项基本原则"，并指出"学习《共同纲领》，也就是学习在毛泽东思想指导下的新中国现阶段的具体政策。"②1952年9月5日，毛泽东在修改黄炎培的讲稿时，把讲稿中"用'工人阶级思想'教育改造资本家，改为用'爱国主义的思想，《共同纲领》的思想'教育改造资本家"。并致信黄炎培，"现阶段，我们只应当责成他们接受工人阶级的领导，亦即接受《共同纲领》，而不宜过此限度。"③1952年10月25日，周恩来在全国工商联筹

---

① 《建国以来重要文献选编》第1卷，中央文献出版社1992年版，第3页。
② 《周恩来年谱（1949—1976）》上卷，中央文献出版社1997年版，第246页。
③ 《毛泽东年谱（1949—1976）》第1册，中央文献出版社2013年版，第594页。

备委员会第二次常委会上仍讲到："现阶段我们的纲领是《共同纲领》，要团结民族资产阶级，以促进国民经济的发展"。①

1952年10月，刘少奇在给斯大林的信中，阐明了中共的政治想法，"因为人民政协在全国有很好的信[誉]，各民主党派也愿意召开人民政协，而不积极要求召开全国人民代表，全国选举的准备工作也还有些不够"，因此决定"把全国人大推迟到三年以后去召开"。对于宪法，"因为中国已有一个共同纲领，而它在群众中在各阶层中均有很好的威信"，"在目前过渡时期即以共同纲领为国家的根本大法是可以过得去的"。"我们考虑在目前过渡时期是否可以暂时不制订宪法，而以共同纲领代替宪法，共同纲领则可以在历次政协全体会议或全国人民代表大会加以修改补充"。②

而当刘少奇访问苏联后，与斯大林进行两次谈话，中共态度随即发生完全转变，摒弃了继续沿用《共同纲领》的想法，决定召开全国人大，制定宪法。可见，制定宪法与斯大林的建议有密切关系。其实，斯大林对中共宪法问题一直比较关注，曾先后三次向中共建议制定宪法。

第一次是在1949年6月至8月间，刘少奇访问苏联时。

---

① 《周恩来年谱（1949—1976）》上卷，中央文献出版社1997年版，第266页。
② 《建国以来刘少奇文稿》第4册，中央文献出版社2005年版，第530页。

访苏期间，为了使苏方"对中国问题有个较全面、较正确了解"，"保证会谈内容既不会重复也不会遗漏"[①]，7月4日，刘少奇以中共中央代表团主任名义，致信苏共中央、斯大林，介绍中共建立新中国的建设方案。[②]

信的第二部分是"新的政治协商会议与中央政府"。开头信中写道："我们已决定8月召开新的政治协商会议，并成立联合政府"。"现在正积极进行各项准备工作"，"将来的新政协由各党派、各地区、各人民团体、各少数民族及海外华侨四十五个单位五百余名代表组成"。信中还特别阐释了新民主主义国家性质与政权性质："它是以无产阶级为领导，以工农联盟为基础的人民民主专政的国家"。"中国人民民主专政与列宁在一九〇五——一九〇七年革命中所提出的'工农民主专政'有其共同点，但也有区别点：'无产阶级为领导工农联盟为基础，这是共同点。但中国人民民主专政包括愿意反对帝国主义、封建主义与官僚资本势力的自由资产阶级的代表的派别在内，这是区别点'。"由此说明中国政权性质和苏联的无产阶级专政是不同的。

7月11日，斯大林召集会议，就刘少奇所提出的问题

---

① 师哲口述、李海文著：《在历史巨人身边——师哲回忆录》，九州出版社2015年版，第390页。

② 《刘少奇年谱》下卷，中央文献出版社1996年版，第217页。

与中共代表团进行会谈。斯大林讲到："你们实行人民民主专政的政体是对的"，"你们同民族资产阶级合作并吸收他们参加政府的观点，是正确的"，"这个制度可能对于目前中国是很适当的"，"你们目前不实行过分的中央集权观点，是对的"。①虽然对中共的建国方案表示赞同，但斯大林在另一次会谈中讲到："我同意你们的意见，把共同纲领变成国家的基本大法"，"现在可用基本纲领，但应准备宪法"。当刘少奇问到："这是否是指社会主义性质的宪法"，他详尽阐释："不是，我说的是现阶段宪法"，他还说，"宪法内容应是：第一、全民普选；第二、承认企业主、富农的私有财产；第三、承认外国在中国企业的租让权"，并建议"1954年可以进行选举与通过宪法"②。

第二次是在1950年10月间，毛泽东访问苏联时。根据薄一波的回忆：毛泽东曾说，"在苏联期间向斯大林汇报了我们工作的情况"，斯大林给出了三点建议，第二点是"建议我们召开全国人民代表大会和制定宪法"③。

第三次是在1952年10月间，刘少奇第二次访问苏联

① 《建国以来刘少奇文稿》第1册，中央文献出版社2005年版，第4—6、23、24页。

② 师哲口述、师秋朗笔录：《我的一生——师哲自述》，人民出版社2001年版，第303、304页。

③ 薄一波：《若干重大决策与事件的回顾》（上），中共党史出版社2008年版，第29页。

时。1952年10月，苏共召开十九大，中共派以刘少奇为团长的代表团参加。出行前，毛泽东嘱托刘少奇此次访苏的重要任务是，"利用出席苏共十九大的机会，就中国社会主义建设中的大政方针问题，向斯大林请教，听听他的意见"[1]。刘少奇原准备在苏共十九大闭幕后就同斯大林面谈，但由于斯大林忙于苏共十九大组织和人事安排，再加上斯大林身体的原因，一时无法顾及中共代表团[2]。为此，斯大林亲自打电话给刘少奇表示："很愿意会见中共代表团，但目前抽不出时间，需要等若干天。希望刘少奇利用这个时间，或去参观，或采取某种方式休息几天"。[3]刘少奇表示理解并同意斯大林的安排。

在此期间，王稼祥向刘少奇建议，可以利用时间给斯大林写一封信，把要同斯大林谈的问题提出来，使他有充分时间考虑后再同中共代表团会见。刘少奇采纳了王稼祥意见。10月20日，刘少奇写了一封长信，信中通报了："中共中央关于中国从现在起逐步过渡到社会主义的一些设想，以及关于召开全国人民代表大会党代表大会和制定宪法等问题"[4]。

斯大林对刘少奇的信十分重视，并于24日、28日两次

① 阎明复：《阎明复回忆录》（一），人民出版社2013年版，第226页。
② 金冲及主编：《刘少奇传》下卷，中央文献出版社2008年版，第663页。
③ 阎明复：《阎明复回忆录》（一），人民出版社2013年版，第226页。
④ 徐则浩：《王稼祥年谱》，中央文献出版社2001年版，第410页。

与刘少奇和中共中央代表团会谈。在这两次会谈中，关于宪法问题，斯大林一改前两次寥寥数语，近乎是用长篇大论形式，解释建议中共制定宪法的原因。

24日会谈时，斯大林问到："全国人民代表大会是否即国会"。刘少奇说，是国会，但更接近于苏联的最高苏维埃，不过有资产阶级的参加。斯大林说："如果你们没有准备好全国人民代表大会可暂不召开，而召开政治协商会议，但政协不是人民选举的，这是一个缺点，对外来说如果有人在这一点加以攻击，人们会不大了解"。虽然斯大林表示同意中共的计划，但他仍表示道："召开人民代表大会是反映人民的呼声，召开党的代表大会也是反映人民的呼声，所以是人民选举出的为好"①。在这里，斯大林实质提出了另一个问题——即政权合法性，在斯大林看来，选举和宪法是一个政权拥有合法性的标志，如果缺少这一程序，政权合法性易被人诟病。

28日会谈时，首先，斯大林对全国人大、宪法与政权合法性关系作了进一步的阐释说明。他讲道："如果你们不制定宪法，不进行选举，敌人可以用两种说法向工农群众宣传反对你们"。"一是说你们的政府不是人民选举产生的"。"二是说你们国家没有宪法。因为政协不是选举产生的，人家就可以说你们的政权是建立在刺刀上的，是

---

① 《建国以来刘少奇文稿》第4册，中央文献出版社2005年版，第535页。

自封的。"三是"共同纲领也不是人民选举的代表大会通过的，而是由一党提出，其他党派同意的东西，人家也可以说你们国家没有法律"。因此，斯大林认为，应该"从敌人（中国的和国外的敌人）那里拿掉这些武器，不给他们借口"①。

其次，斯大林从国家安全角度阐述为何要制定宪法。他说，"中国国内还有一个问题，你们现在的政府是联合政府，因此，政府就不能只对一党负责，而应该向各党派负责。这样，国家的机密就很难保障。我感到你们有些重要机密情况外国人都知道，例如：你们政府代表团这次来苏联，英美就知道要谈旅顺口问题"。"有了其他党派，政府要向其他党派负责，国家重要问题就不能不和其他党派商量，其他党派的人很多是和英美有关系的，他们知道了，等于英美也知道了。你们的计划如事先被敌人知道，对你们是很不利的"。

再次，斯大林援引其他国家例子来证明，制定宪法并不是一件难事，是完全可以行得通的。他讲到，"蒋介石说：中国进行选举，条件还不成熟。这种说法是没有理由的。阿尔巴尼亚是落后的，现在也有了宪法并实行了选举，中国不应比阿尔巴尼亚落后。波兰最近进行了选举，选民投票者有百分之九十五，杜鲁门当选总统时，才得票

---

① 《建国以来刘少奇文稿》第4册，中央文献出版社2005年版，第536页。

百分之四十八，有百分之二十五的选民没有投票"。

斯大林的三次建议，可判断出他对中国何时制定宪法问题有自己的见解和考虑。尤其值得注意的一点是，从《建国以来刘少奇文稿》《师哲回忆录》等史料来看，斯大林在1949年7月11日后一次会议与刘少奇的谈话内容，与1952年11月28日的大意相同，部分措辞甚至完全相同。这表明，斯大林对此问题是长时间关注的，而与中共的谈话，应是他长久、深入、慎重思考后，政治见地的系统阐述，带有政治内涵的连续性和目的性，绝非问答式的临时起意。

至于斯大林为何如此关注宪法问题，从其谈话的内容思想中可探幽发微。比如，1952年10月28日，在谈到泄密等国家安全问题时，斯大林说："你们的计划如事先被敌人知道，对你们是很不利的。如果人民选举的结果，当选者共产党员占大多数，你们就可以组织一党的政府"。"其他党派在选举中落选了，但你们在组织政府时可给其他党派以恩惠，这样对你们更好。各党派在选举中如落选了，你们不应使统一战线破裂，你们应继续在经济上和他们合作"①。从中看出，斯大林的政治期冀，是通过选举和宪法，使中国在政治上由多党制的联合政府形式，转化为苏联式的一党制政府。

---

① 《建国以来刘少奇文稿》第4册，中央文献出版社2005年版，第537、538页。

　　二战后，苏联体制被认为社会主义国家的唯一模式，被各个社会主义国家所复制推广。而唯一试图摆脱苏联道路，走自己社会主义道路的南斯拉夫共产党被视为异类，是社会主义的背叛者，甚至被开除共产党和工人的情报局。而对于中共，斯大林心中始终有所疑虑，并怀疑毛泽东不是社会主义者，而是民族主义者，是"半个铁托"式的人物，对中国共产党搞新民主主义、多党制及联合政府都是存有疑虑的。毛泽东自己也说，斯大林对中国共产党是不信任的，"斯大林对中国作一些错事"。"解放战争时期，先是不准革命，说是如果打内战，中华民族有毁灭的危险。打起仗来，对我们半信半疑。打胜仗了，又怀疑我们是铁托式的胜利，一九四九、一九五〇两年对我们的压力很大"①。所以，在斯大林看来，中国应该像苏联那样，消灭党派、消灭资产阶级，搞一党政府。简而言之就是"把苏联模式搬到中国来，尽快建立社会主义"②。由此可见，斯大林建议中共尽快制定宪法是带有政治模式移植的意图。

　　但是，中国不是南斯拉夫，毛泽东也不是铁托，两者不能相提并论，这一点斯大林和苏共始终有清醒的认识，深知其中利害关系。因此，在处理两党、两国关系时，尽

---

①　《毛泽东文集》第7卷，人民出版社1999年版，第42页。
②　邢和明：《中共眼里的苏联模式》，福建人民出版社2006年年版，第57页。

管斯大林内心很想把中国纳入苏联模式，使中共按照苏共方式改造国家，但态度始终是温和的、审慎的。即使中共在斯大林和苏共面前态度谦逊，就像学生对待先生一般。比如刘少奇1949年7月和1952年10月的信都曾这样写道："我们以上的这些看法，是否正确？希望获得斯大林同志及联共（布）中央的指示"。[①]"以上各项安排是否妥当，也请您指示"。[②]斯大林的回应，也是充满了礼貌与客气。

当然，斯大林的谨慎很可能与历史上对中国革命指导的失误有关。在刘少奇首次访苏过程中，斯大林就做了自我批评。斯大林带有歉意地问中共代表团："我们是不是扰乱或妨害了你们呢"？刘少奇礼貌回说："没有"[③]。斯大林说道："中国同志总是客气、讲礼貌的。我们觉得我们是妨碍过你们的"。"我们常常是不够了解你们事情的实质，可能讲错话"[④]。

暂且不论是历史还是现实因素让斯大林对中共态度较为谨慎，但有一点可以肯定的是，中共最终接受斯大林制定宪法建议，绝不是苏联意志的强加。虽然斯大林三次建

① 《建国以来刘少奇文稿》第1册，中央文献出版社2005年版，第8页。
② 《建国以来刘少奇文稿》第4册，中央文献出版社2005年版，第530页。
③ 金冲及主编：《刘少奇传》下卷，中央文献出版社2008年版，第598页。
④ 师哲口述、李海文著：《在历史巨人身边——师哲回忆录》，九州出版社2015年版，第300页。

议中共尽快制定宪法，对中国的现行体制表现出一定疑虑，但他没有强迫中共一定要接受的意思。1949年刘少奇秘密访苏时，斯大林就曾说过："我们不愿别国共产党强制我们执行他们的意见，我们也不要求更不愿意别个国家的共产党一定要执行我们的意见"[①]。1952年在与刘少奇两次会谈中，也多有"你们（指中共，笔者注）可以考虑"，"因为我不大了解中国的情形"。"我对中国情况不熟悉，这样做不知是否还有困难？请诸同志考虑"等语句。伍修权曾回忆说，斯大林在会谈中"尽量不对我们率先提出什么要求，以免再有强加于人之感"[②]。师哲也回忆说，在刘少奇访苏过程中，"斯大林对刘少奇是信任和尊重的，他从来不主动提出讨论和解决哪些问题"。"斯大林根据中方要求或愿望进行商谈，建议或指出解决的办法"，"历次会见都是在热情洋溢、友好诚挚的氛围中进行的"[③]。

因此，历史地看中共选择制定宪法，不是"被动"，更不是"被迫"，而是在恰当的时间，斯大林与中共的良性互动，莫斯科的建议契合了中共的政治意图，从而使接受苏联建议成为顺理成章的事情。当然，苏联对中共

---

① 金冲及主编：《刘少奇传》下卷，中央文献出版社2008年版，第597页。

② 伍修权：《回忆与怀念》，中共中央党校出版社1991年版，第302页。

③ 师哲口述、李海文著：《在历史巨人身边——师哲回忆录》，九州出版社2015年版，第302页。

的巨大影响也无须否认。正如胡乔木所说："尽管中国在制定具体的经济政策和工作方法时坚持从中国的具体情况出发，苏联的社会主义制度仍然对中国具有重大榜样作用"[1]。

---

[1] 《胡乔木文集》第2卷，人民出版社1993年版，第258页。

第二章 酝酿：理论与实践的准备

1952年做出制定宪法决定后，中共中央进行了一系列的酝酿和准备工作。理论上，重新认识了"宪法与事实"的关系，对"过渡时期"理论有了新判断；程序上，在全国政协"吹风通气"，并向中央人民政府委员会提议制宪；实践上，成立宪法起草委员会，制定《选举法》。

一、"超越事实论"和"过渡理论"的认识

1952年11月间，中共中央做出决定："立即着手准备召开全国人民代表大会，制定宪法。"[①]制宪工作开始提上日程。选择此时召开全国人大、制定宪法，除了前文所述的历史背景，中共中央对相关理论的新思考也是重要的历史动因。

---

① 中共中央文献研究室编：《毛泽东传（1949—1976）》上，中央文献出版社2004年版，第308页。

1.宪法"超越事实论"的新认识

中华人民共和国成立初期，中国共产党选择《共同纲领》作为临时性宪法，一方面是由于不具备制宪的现实基础。另外还有一个重要因素，就是在对"宪法与事实"关系的认识上，中共中央认为事实应在宪法之前，而不是宪法在事实之前。在中共中央看来，"宪法及其实践在本质上是民主政治"。没有民主的事实，宪法的实践也自然无从谈起。毛泽东就曾指出："世界上历来的宪政，不论是英国、法国、美国，或者是苏联，都是在革命成功有了民主事实之后，颁布一个根本大法，去承认它，这就是宪法。""争取尚未取得的民主，不是承认已经的民主化事实"，[①]也就是说民主事实是第一位的，制定宪法是第二位的，两者有先后顺序之分。

通过毛泽东的话可以看出，对"宪法与事实"关系的认识，是中共中央没有立即制定宪法的一个重要因素。在中共的政治设计中，新民主主义社会只是一个过渡阶段，发展前途是社会主义。刘少奇在第一届政协全体会议的发言中说："中国将来的前途，是要走到社会主义和共产主义去的。""如果不使中国走到社会主义去，就要使中国变为帝国主义的国家，这是中国人民乃至全世界人民都

---

① 《毛泽东选集》第二卷，人民出版社1991年版，第735页。

不能允许的。"①民盟主席张澜说："新民主主义是社会主义的过程，是走到无产阶级社会，走到大同世界的政党途径。"工商界首席代表陈叔通也说："新民主主义的建设，必然可以创造社会主义的物质基础，铺平走向社会主义发展的道路。"②

理解了中共中央的制度构想，就便于我们理解中共中央的宪法追求。中共中央希望在中国实行社会主义制度，宪法自然应是社会主义性质的宪法。民主革命成功前，中国的"事实是半殖民地半封建的政治，即使颁布一种好宪法"，"要想顺畅实行，是不可能的"。③民主革命成功后，建立起的新民主主义社会秩序，是带有动态的过渡性质，如果制定宪法，必将在很多方面造成束缚，如对待私人资本主义经济的改造问题，因此中共愿意用《共同纲领》暂代宪法。中共的设想是确立起社会主义制度后，再制定社会主义性质的宪法，"待中国目前的阶级关系有了基本的改变以后，即中国在基本上进入社会主义以后，再来制订宪法"，"而那时我们在基本上就可以制订一个社

---

① 全国人大常委会办公厅、中共中央文献研究室编：《人民代表大会制度重要文献选编》一，中国民主法制出版社、中央文献出版社2015年版，第54页。

② 中国人民政治协商会议全国委员会文史资料研究委员会编：《五星红旗从这里升起——中国人民政治协商会议诞生记事暨资料选编》，文史资料出版社1984年版，第323、372页。

③ 《毛泽东选集》第二卷，人民出版社1991年版，第735页。

会主义的宪法"。①所以，1952年10月，斯大林告诉刘少奇，建议制定现阶段宪法时，刘少奇立即解释道："在共同纲领初制订时，人们曾怀疑我们是否真要实行共同纲领，但三年来我们真正实行了共同纲领。""如果我们在今后两三年内制订宪法，势必重复共同纲领，承认资本家的财产即剥削雇佣劳动为合法"，"但是再过七八年以后，我们又要把资本家的企业国有化，再制订社会主义性质宪法，似乎是有些不好"。②

到了1952年10月后，中共中央的一些高层对"宪法与事实"的关系有了新的认识。他们认为，宪法可以在事实之前，可以通过纲领性内容，来规定即将要完成的任务。当时为宪法起草小组做资料工作的史敬棠说："毛主席看了一九一八年苏俄宪法、一九三六年苏联宪法、东欧国家的宪法。一九一八年苏俄宪法，把列宁写的《论剥削劳动人民权利宣言》放在前面，作为第一篇，毛主席从中受到启发。"

毛泽东在谈到这个问题时说："一般地说，法律是在事实之后，但在事实之前也有纲领的。一九一八年苏维埃俄罗斯宪法就有纲领性的。后来一九三六年斯大林说，宪

① 中共中央文献研究室、中央档案馆编：《建国以来刘少奇文稿》第四册，中央文献出版社2005年版，第530页。
② 中共中央文献研究室、中央档案馆编：《建国以来刘少奇文稿》第四册，中央文献出版社2005年版，第535—536页。

法只能承认事实，而不能搞纲领。我们起草宪法那个时候，乔木称赞斯大林，我就不赞成，我赞成列宁。"这种新的认识，破解了现实与理想的困境。此时毛泽东认为，宪法"不限于描写已经完成的东西，也描写了没有完成已经开始实施的东西"①。也就是说，在新民主主义社会，也可以制定社会主义性质的宪法。解决了这一认识问题，1952年11月，中共中央做出制定宪法的决策也就水到渠成了。

2.毛泽东对"过渡理论"的新思考

1940年1月，毛泽东在《新民主主义论》中提出新民主主义社会理论，指出新民主主义社会是介于半殖民地半封建社会与社会主义之间的一种社会形态，中国革命的第一阶段是建立"中国各个革命阶级联合专政的新民主主义的社会"，在此基础上，"使之发展到第二阶段，以建立中国社会主义的社会"。"两个阶段必须分清，不能'毕其功于一役'，两个革命阶段又必须衔接，第一步为第二步准备条件，不容横插一个资产阶级专政阶段。"②

毛泽东的新民主主义论，从中国国情出发，提出中国

---

① 中共中央文献研究室编：《毛泽东传（1949—1976）》上，中央文献出版社2004年版，第319、322、323页。

② 《毛泽东选集》第二卷，人民出版社1991年版，第672页。

革命胜利后建立起的社会，只能是新民主主义社会，这是中国革命的必然产物，是由中国特定的历史条件决定的。新民主主义社会"不是一个转瞬即逝的新旧社会之间的交替或转换，而是有着深刻内涵的社会发展阶段"[①]，是一个有需要巩固基础的完整的社会过程，虽然它只是一个过渡阶段，却是一个不可逾越的社会发展阶段，这是历史的必由之路。新中国成立前夕，刘少奇在不同场合说过"要在相当长时间内和资产阶级合作"，不能有"一种冒险主义倾向"，在"经济计划和措施上超出实际的可能性"，"过早地、过多地、没有准备地采取社会主义的步骤"。[②]1950年4月，周恩来察觉到党内存在"今天的斗争对象，主要是资产阶级"的错误看法后，在全国统战会议上说："今天我们中心问题，不是推翻什么资产阶级，而是如何同他们合作。""实现社会主义是要有一定条件的。今天条件不成熟，就要急于转变到社会主义，这说明一些同志对新民主主义缺乏切实的认识。"[③]1950年6月，毛泽东在党的七届三中全会上指出，有些人认为可以

[①] 林尚立主编：《中国共产党与人民政协》，东方出版中心2011年版，第35—36页。

[②] 中共中央文献研究室编：《刘少奇年谱》下卷，中央文献出版社1996年版，第216、222页。

[③] 中共中央文献研究室编：《周恩来年谱（1949—1976）》上卷，中央文献出版社1997年版，第33页。

提前消灭资本主义实行社会主义，这种思想是错误的。[1]
他说："现在我们跟民族资产阶级的关系搞得很紧张，他们惶惶不可终日，很不满。""对民族资产阶级，我们要通过合理调整工商业，调整税收，改善同他们的关系，不要搞得太紧张了。"[2]1951年3月，刘少奇在起草《共产党员标准的八项条件》时，又明确提出了"巩固新民主主义制度"[3]的口号。薄一波后来曾回忆说："我们党立国之初，要搞一段新民主主义，是真心实意的。"[4]

而新民主主义社会如何转变到社会主义社会，具体步骤是什么，中共开始只有轮廓式的设想，并没有具体的规划。1950年6月，在全国政协一届二次会议的闭幕式上，毛泽东说："我们的国家就是这样地稳步前进，经过战争，经过新民主主义的改革，而在将来，在国家经济事业和文化事业大为兴盛了以后，各项条件具备了以后，在全国人民考虑成熟并在大家同意了以后，就可以从容地和妥善地走进社会主义的新时期。"[5]1952年10月，周恩来

———————

[1] 苏维民：《杨尚昆谈新中国若干历史问题》，四川人民出版社2010年版，第40页。

[2] 中共中央文献研究室编：《毛泽东文集》第六卷，人民出版社1999年版，第74页。

[3] 《刘少奇选集》下卷，人民出版社1985年版，第62页。

[4] 薄一波：《若干重大决策与事件的回顾》上，中共党史出版社2008年版，第22页。

[5] 中共中央文献研究室编：《毛泽东文集》第六卷，人民出版社1999年版，第80页。

说："将来用什么方式进入社会主义，现在还不能说得很完整"，"将来要和平、愉快、健康地进入社会主义，使每个人都能各得其所，我们要做很好的安排"。①显而易见，中共对怎么进入社会主义，要根据实际情况的发展，在实践中去研究解决。

对于何时转变这个问题，中共也没有明确的规划，认为是比较"长久的未来的事"。早在1948年9月中央政治局会议上，毛泽东说："我国在经济上完成民族独立，还要一二十年。"在这之后，才是新民主主义经济过渡到社会主义。②在这次会议上，刘少奇也发言说："为了建设新民主主义经济，我们与民族资产阶级至少'可搭伙'10年至15年，如果过早消灭了，消灭了以后你还要把他请来的。"③1949年9月，在通过《共同纲领》的人民政协全体会议上，刘少奇说："中国采取相当严重的社会主义步骤，还是相当长久的将来的事情。"④1951年7月，刘少奇在"春藕斋讲话"中提到，"估计至少十年，多则十五

---

① 中共中央文献研究室编：《周恩来年谱（1949—1976）》上卷，中央文献出版社1997年版，第266页。

② 中共中央文献研究室编：《毛泽东文集》第六卷，人民出版社1999年版，第146页。

③ 薄一波：《若干重大决策与事件的回顾》上，中共党史出版社2008年版，第35页。

④ 全国人大常委会办公厅、中共中央文献研究室编：《人民代表大会制度重要文献选编》一，中国民主法制出版社、中央文献出版社2015年版，第54页。

年、二十年"，"然后才能经过工业国有化和农业集体化这两个主要的步骤，进入社会主义"。[1]

但到了1952年，毛泽东对过渡时期的认识发生了改变。在9月24日的中央书记处会议上原本是听取周恩来关于我国第一个五年计划轮廓问题同苏联商谈情况的汇报[2]，在周恩来汇报后，毛泽东讲了向社会主义过渡的设想，他说："我们现在就要开始用十到十五年的时间基本完成到社会主义过渡，而不是十年或者以后才开始过渡。七届二中全会提出的限制与反限制的争斗问题，限制就更丰富了。工业中，私营占百分之三十二点七，国营占百分之六十七点三，是三七开；商业零售是倒四六开。再发展五年，私营比例会更小，但绝对数字仍会有些发展，这还不是社会主义。五年以后如此，十年以后会怎么样，十五年以后又怎么样，要想一想。"[3]

显然此时毛泽东的构想已不同于新中国成立初期他本人和中央其他领导人的想法了。他认为"新民主主义是一个渐变的过程，需要采取逐步推进的社会主义改造的步骤和政策，一步一步地向前过渡，即使社会主义因素一年一

---

① 中共中央文献研究室编：《刘少奇年谱》下卷，中央文献出版社1996年版，第284页。

② 苏维民：《杨尚昆谈新中国若干历史问题》，四川人民出版社2010年版，第40页。

③ 中共中央文献研究室编：《毛泽东年谱（1949—1976）》第一卷，中央文献出版社2013年版，第603—604页。

年地增加，争取用10年到15年或更多一点时间完成这一过渡。而不是等到10年或15年以后，才采取社会主义政策，实行向资产阶级全线进攻的突变"①。由此可见，他不再将新民主主义社会看作一个相对稳定的社会形态，而是看作一个资本主义因素持续消解、社会主义因素不断生长的此消彼长的过程，从而明确了新民主主义社会不是"过渡形态"，而是"过渡时期"。

毛泽东在认识上为何会发生质的变化？据薄一波后来回忆说：这种变化是合逻辑的，"绝非一时兴之所至，而是经过深思熟虑的，更重要的是它符合当时的客观实际，是当时客观形势发展的产物"②。新中国成立后，土地改革、镇压反革命、"三反"、"五反"、抗美援朝相继取得重大胜利，国民经济迅速恢复、国家财政实现稳定，国营经济占据主导地位，这些因素促使毛泽东对形势进行再思考。

毛泽东既然认为新民主主义社会是一个过渡时期，那么就必然需要国家在政治、经济等方面有一套相应的体制来保证社会主义因素的增加、资本主义因素的消解。而新中国成立前夕制定的《共同纲领》，适应了新政权的需

---

① 薄一波：《若干重大决策与事件的回顾》上，中共党史出版社2008年版，第152页。
② 薄一波：《若干重大决策与事件的回顾》上，中共党史出版社2008年版，第152页。

要，确立了新中国建设蓝图，但就其本质而言，《共同纲领》是一种带有新民主主义性质的宪法，所建立的秩序也是新民主主义秩序，与毛泽东所希望的社会主义目标有不小差距。比如，《共同纲领》对私人资本主义经济的保护，就与过渡到社会主义的任务相背驰。如此看来，《共同纲领》开始有些格格不入了。

《共同纲领》与现实目标的矛盾性，促使中共产生了制定宪法的想法。加之毛泽东对"宪法与事实"的关系有了新认识，因此，制定一部宪法，规定社会主义原则，并将社会主义的经济制度、政治制度用宪法的形式确定下来，成为中共新的政治目标。从这个角度看，中共制定宪法，虽然有受斯大林建议的影响，但更多的是自主选择的结果。

1952年10月，斯大林劝说刘少奇制定现阶段的宪法，甚至可以把"共同纲领改变成宪法——基本大法，这种宪法自然是一种粗制品，但有一个宪法，比没有好"[①]。此时，中共所要的不是一个"粗制品"的宪法，而是一部类似"灯塔"的宪法，一部社会主义类型的宪法，来指引中国由新民主主义向社会主义的前进道路。正如刘少奇后来所指出："由目前复杂的经济结构的社会过渡到单一

[①]　中共中央文献研究室、中央档案馆编：《建国以来刘少奇文稿》第四册，中央文献出版社2005年版，第537页。

的社会主义经济结构的社会，即由目前的新民主主义社会过渡到社会主义社会，是我国应当走的唯一正确的道路。""因此，我们有完全的必要在《共同纲领》的基础上前进一步，制定一个像现在向各位代表提出的这样的宪法，用法律的形式把我国过渡时期的总任务肯定下来。"①

二、通气协商：制宪提议得到广泛响应

1949年9月，周恩来在《关于政协的几个问题》中指出："人民政协全国委员会，便是同中央人民政府协议事情的机构。一切大政方针，都先要经过全国委员会协议，然后建议政府施行。"②因此，中共中央的政治主张要上升为国家行动，从程序上首先要向全国政协委员会提议，再由它向中央人民政府委员会提出召开全国人大，制定宪法的建议。

1.向全国政协委员会提议
1952年12月1日，中共中央印发了《关于召开党的全

---

① 全国人大常委会办公厅、中共中央文献研究室编：《人民代表大会制度重要文献选编》一，中国民主法制出版社、中央文献出版社2015年版，第200页。
② 全国人大常委会办公厅、中共中央文献研究室编：《人民代表大会制度重要文献选编》一，中国民主法制出版社、中央文献出版社2015年版，第41页。

国代表会议的通知》。指出，"由于国家建立伊始，召开全国人民代表大会的条件尚不够成熟"，时至今日，"一连串的伟大的胜利，大大提高了人民的组织程度和觉悟程度，巩固了人民民主专政"，"为此，就必须依据《共同纲领》的规定，及时召开用人民普选的方法产生的全国人民代表大会，去代替现在由中国人民政治协商会议的全体会议执行全国人民代表大会的职权的形式"。中共中央决定：全国人民代表大会"拟于一九五三年九月间召开。在这次大会上，将制定宪法，批准五年计划纲要，修改中央人民政府组织法，选举中央人民政府领导机构"[①]。这是中共中央关于"召开全国人民代表大会、制定宪法"的第一个文件，并首次将其制宪主张向全党公布。这说明，制定宪法已成为中共领导层的共识，决定付诸实践。

依据《共同纲领》《中华人民共和国中央人民政府组织法》《中国人民政治协商会议组织法》的规定，在普选的全国人民代表大会召开以前，中国人民政治协商会议第一届全体会议执行全国人民代表大会的职权，"就有关全国人民民主革命事业或国家建设事业的根本大计或重要措施，向中华人民共和国中央人民政府委员会提出决

---

① 中央档案馆、中共中央文献研究室编：《中共中央文件选集（1949年10月—1966年5月）》第十册，人民出版社2013年版，第341—342页。

议案"①。中央人民政府委员会是国家最高权力机关，负责"筹备并召开全国人民代表大会"②。因此，中共中央准备，"建议政协全国委员会于一九五三年三月间召开第一届第四次会议，并将由党经过政协全国委员会第四次会议向中央人民政府委员会提出建议，定期召开全国人民代表大会，制定选举条例和进行其他各种准备事宜"③。

1952年12月24日，周恩来代表中共中央在政协第一届全国委员会常务委员会第43次会议上做报告，就召开全国人大和制定宪法做出解释说明。他说："为了适应大规模的经济建设、国防建设和文教建设的需要，必须实施人民代表共同纲领所规定的人民代表大会制度"，"依照共同纲领第十二条、第十三条、第十四条的规定"，"中国共产党提议由政协向中央人民政府建议，于一九五三年召开全国人民代表大会和地方各级人民大会，并开始进行起草选举法和宪法草案等准备工作"。④在这次会议上，与会代表进行了热烈讨论。李济深、马叙伦、许德珩、彭泽

① 国务院法制办公室编：《中华人民共和国法规汇编（1949—1952）》第一卷，中国法制出版社2014年版，第4页。

② 全国人大常委会办公厅、中共中央文献研究室编：《人民代表大会制度重要文献选编》一，中国民主制出版社、中央文献出版社2015年版，第63页。

③ 中央档案馆、中共中央文献研究室编：《中共中央文件选集（1949年10月—1966年5月）》第十册，人民出版社2013年版，第342页。

④ 中共中央文献研究室、中央档案馆编：《建国以来周恩来文稿》第七册，中央文献出版社2018年版，第296—297页。

民、章乃器、赖若愚、章蕴、傅作义、张奚若、李维汉、蓝公武、谢觉哉、王芸生、费振东等代表各民主党派、人民团体与各委员会代表纷纷发言，表示赞同中共中央主张。会议最终决定接受中国共产党提议向中央人民政府委员会建议召开人大和制定宪法。

1952年12月25日，中共中央发布了《一九五三年新年宣传要点的指示》，其中第四点写到"应号召全国人民热烈准备迎接这个伟大的选举，把最好的和必要的人选做自己的代表和人民政府委员，而不让坏分子混到人民政权机关中去"①。1953年1月1日，《人民日报》发表元旦社论，向全国人民提出1953年3项伟大任务："第一，继续加强抗美援朝斗争，争取更大胜利；第二，开始执行国家建设第一个五年计划，完成和超额完成一九五三年度建设计划；第三，召集全国人民代表大会，通过宪法，通过国家建设计划。"社论指出："由于还没有制定宪法，中国人民政治协商会议共同纲领暂时代替了宪法的一部分作用。这些在过去是完全必要的并且完成了历史任务的过渡的办法，已经不适合现在建设时期的需要了。全国绝大多数人民在经过了土地改革和其他社会改革以后，已经具备了实行选举自己的政府的条件。"因此，"在全国人民代

---

① 中央档案馆、中共中央文献研究室编：《中共中央文件选集（1949年10月—1966年5月）》第十册，人民出版社2013年版，第444页。

表大会上，将要通过宪法和国家建设计划。毫无疑问，这将要成为我国人民政治生活中的巨大事件"①。

2.毛泽东和周恩来的解释说明

从新中国成立之初，凡是重大决定之前，"毛泽东或其他中央领导人，事先都要向党外人士通通气，听取他们的意见"②。召开全国人大和制定宪法是关系到国家体制的根本问题，按照惯例，做出决策前，也与社会各党派、团体、阶层人士进行协商，以寻求政治共识。

1953年1月11日下午，毛泽东在中南海颐年堂召开有18位党外人士参加的座谈会。1月12日，周恩来又召集了政协常委座谈会，广泛听取意见，并做了大量说明工作。通过这两次座谈会的讨论，大部分人士对中共中央主张表示赞同，但也有些不同声音。比如，民革中央常务委员邵力子、民盟中央政治局委员罗隆基、全国政协委员黄绍竑等认为普选"要进行得慢点"。至于宪法草案，邵力子、罗隆基怀疑"现在搞宪法是否成熟"，黄绍竑则主张"搞宪法时间要长，要总结法令政策实行的效果归纳于宪法

---

① 中共中央文献研究室编：《建国以来重要文献选编》第四册，中央文献出版社1993年版，第1、6—7页。

② 中共中央文献研究室编：《毛泽东传（1949—1976）》上，中央文献出版社2004年版，第309页。

中"。^①这些意见反映出，有些人对当时召开全国人民代表大会和制定宪法，尚存在不少的疑问和顾虑。

于是，1953年1月13日，中央人民政府委员会举行第二十次会议，专门讨论筹备召开全国人民代表大会和制定宪法问题。毛泽东说："现在办选举、搞选举法是不是合适？对于这个问题，经过几次会议交换意见，从今天大家发表的意见看，是比较明确、比较清楚了。但还有一些问题需要作点解释。"^②在这次会议上，毛泽东、周恩来对于党外人士的疑问，主要从4个方面做了详细的解释和说明。

第一，这样做的根据是什么？毛泽东从3个角度谈了召开全国人民代表大会和制定宪法的根据。一是"三年来大陆上的军事行动已经结束了，土地改革已经基本完成了，各界人民已经组织起来了，办全国选举工作的条件已经成熟"，具备了现实条件。二是"中国人民，从清朝末年起，五六十年来就是争这个民主"，"从中日甲午战争到辛亥革命这个期间是一个高潮。那个时候是向清朝政府要民主，以后是向北洋军阀政府要民主，再以后就是向蒋介石国民党政府要民主"。召开全国人大和制定宪法，就

① 中共中央文献研究室、中央档案馆编：《建国以来周恩来文稿》第八册，中央文献出版社2018年版，第26页。
② 全国人大常委会办公厅、中共中央文献研究室编：《人民代表大会制度重要文献选编》一，中国民主法制出版社、中央文献出版社2015年版，第128页。

是为了实现中国人民的民主追求。三是在此前的座谈会上，毛泽东说："全国政治协商会议还要不要再搞一届，然后召开全国人大？"关于这个问题，陈叔通说："再搞一届至少还要两年。全国人民代表大会代表的选举，今年不办就要明年办，或者后年办。与其明年办，就不如今年办。如果过两年再开一次政治协商会议后召开全国人大也不好办，不如索性就开全国人民代表大会。所以，根据这些条件和考虑，还是抓紧召开全国人民代表大会比较好。"①充分考虑政协的意见，也是中国共产党做出决定的根据。

关于"这样做的根据"，周恩来说："既然要召开全国人民代表大会，选举政府，共同纲领就不能再作为国家的根本法律了。当初共同纲领之所以成为临时宪法是因为政治协商会议全体会议执行了全国人民代表大会的职权。那么，现在不执行这个职权了，这个职权还之于全国人民代表大会了，全国人民代表大会就应该有自己的法律——宪法。"此外，他还联系到国际社会主义阵营国家情况说："我们的兄弟国家，立国之时都有宪法。比如苏联在革命以后，一九一八年就宣布了宪法，一九二四年又修改了宪法，一九三六年才有了'斯大林宪法'。波兰、德意

① 中共中央文献研究室编：《毛泽东文集》第六卷，人民出版社1999年版，第257页。

志民主共和国立国之时，把旧宪法加以若干修改后使用，经过几年的建设，有了经验，现在就搞出了新宪法。最近波兰、罗马尼亚都宣布了新宪法。这些宪法都是根据已经成功的经验，逐步地改善和肯定下来的。所以我们既然要召开全国人民代表大会并选举政府，就要把宪法搞出来，而且现在条件已成熟了。"①

第二，这样做有什么作用？毛泽东谈道："北京郊区乡政府民主选举的结果，百分之五十的乡长被选掉了，因为这百分之五十的人做了坏事，人民不高兴他们。为了发扬民主，对政权组织，特别是县、乡两级，来一次全国普选，很有必要。"另外，"这对促进经济建设，加强经济建设的领导有积极作用"。除此之外，毛泽东还说："如果我们的工作做得更好一些，人民民主更加发扬，经济建设搞得更好，抗美援朝的力量更加增强，那是可以使它放弃侵略的。"所以，为了发扬民主，为了加强经济建设，为了加强反对帝国主义的斗争，就要办选举，搞宪法。②

第三，这样做有没有可能？有没有困难？毛泽东说："困难总是会有的，但是比起我们已经做过的几件事情来，困难要少一些。例如，比抗美援朝，就没有那

---

① 周恩来：《全国人民代表大会应该有自己的法律——宪法（一九五三年一月十三日）》，《党的文献》，1997年第1期。

② 中共中央文献研究室编：《毛泽东文集》第六卷，人民出版社1999年版，第258—259页。

样困难；比土地改革，也不会有那样困难；比镇压反革命，比'三反''五反'，比三年经济恢复，也不会有那样困难。周恩来总理讲，我们国家今年的财政基础，比一九五〇年增加了两倍半。所以，困难是有的，但是经过我们的努力，训练好干部，安排好工作，是可以克服这些困难的，是可以把选举工作搞好的。"[1]

针对有人提出时间紧张的问题，周恩来说："虽然有困难，但是可以克服的。""孙中山先生领导辛亥革命，在南京临时政府成立后的几天工夫，就由十九个代表（每省一个）搞出了一部'临时约法'。""毛主席前天也讲了，我们的共同纲领，经过大家讨论，实际上搞起来，前后也不过一个月。""时间上，在选举法颁布以后，我们可以有充足的时间，比如二月、三月、四月，甚至五月，可以有几个月的工夫来起草。"他还说："因为宪法不是永恒不变的，刚才说的兄弟国家的经验也证明了这一点。苏联宪法已经修改过三次，头两次的宪法是初期的，'斯大林宪法'才是比较完整的；但它也仅仅是规定了社会主义阶段的做法。现在他们已经逐渐向共产主义发展，有些新的条件生长起来了，这从斯大林的《苏联社会主义经济问题》一书中就可以看出来，但在宪法上还只是规定了现

---

[1] 中共中央文献研究室编：《毛泽东文集》第六卷，人民出版社1999年版，第259页。

在要做的事情。由此可以看出,我们的宪法也是现阶段的宪法,将来还会提高。但是现阶段的宪法,可以把我们的政治基础搞得更加巩固。"①

第四,这样做对于有些党派、阶级、团体是不是不利?毛泽东解释道:"人多就称王,是不是这样呢?不是这样。决议草案上讲了,三年以来取得的成绩,是由于'全国各民族、各民主阶级、各民主党派、各人民团体的团结和努力'。那末,是不是从今年起,或者从明年起,就不要各民族、各民主阶级、各民主党派、各人民团体的团结和努力了呢?不是的,还是要的。为什么要呢?过去三年来的历史证明,这样做有好处。所以,除了那些反革命分子、不爱国的分子以外,凡是一切爱国者、能够团结的人都应该团结起来,而且永远是这样。"②

关于代表名额分配的比例问题,毛泽东说:"既要照顾多数,又要照顾少数。单纯照顾少数的政府在历史上是有的,像清朝政府、蒋介石政府,那完全是照顾少数。我们的重点是照顾多数,同时照顾少数。凡是对人民国家的事业忠诚的,做了工作的,有相当成绩的,对人民态度比较好的各民族、各党派、各阶级的代表性人物都有份。我

---

① 周恩来:《全国人民代表大会应该有自己的法律——宪法(一九五三年一月十三日)》,《党的文献》,1997年第1期。
② 中共中央文献研究室编:《毛泽东文集》第六卷,人民出版社1999年版,第259页。

想，他们中间的多数，甚至是大多数、绝大多数，可能是会被人民选举的。"①

针对宪法是否会引起社会制度迅速变革，周恩来说："自从我们提出召开全国人民代表大会以后，在社会的某些方面引起了一些波动。比如有的人想，'召开全国人民代表大会，就是马上搞社会主义了吧！'这当然是误会。我们国家经济的发展，是要增加社会主义成分的，这是共同纲领里规定的。但我们现在还是新民主主义阶段，我们还是要根据共同纲领的精神办事，只是把共同纲领里的东西吸收到宪法里面去；我们的政权还是工人阶级领导的、以工农联盟为基础的、四个阶级合作的人民代表大会制，这是肯定的。所以宪法草案的规定，可以使全国人心更加安定，政治基础更加巩固，各种建设都能在政治领导的巩固基础上来进行。"他还说："但现在有的人发生了一种误会。我看见上海的报告上说'听到北京宣布了要召开全国人民代表大会，就不学习共同纲领了'，当然这是不对的。正因如此，就更要学习共同纲领。因为学习了以后，才知道怎样把共同纲领里的东西吸收到宪法里面去。"②

① 中共中央文献研究室编：《毛泽东文集》第六卷，人民出版社1999年版，第259—260页。
② 周恩来：《全国人民代表大会应该有自己的法律——宪法（一九五三年一月十三日）》，《党的文献》，1997年第1期。

经过毛泽东和周恩来等领导人反复的解释和说明，在国家高层中讲清楚了道理，统一了思想，打消了一些民族资产阶级和民主党派人士的疑虑，"大大鼓舞了民主人士爱国主义和接受社会主义的信念"①。通过这次中央人民政府委员会会议，使普选人民代表、制定宪法成为全社会各阶层的共识，为下阶段工作的胜利打下了坚实的基础。

三、宪法起草委员会的成立

1951年1月13日，在中央人民政府委员会第20次会议上，周恩来向大会郑重提出："兹特提请中央人民政府委员依照中华人民共和国人民政府组织法的规定通过决议，在一九五三年召开由人民普选方法产生的乡、县、省（市）各级人民代表大会，并在此基础上接着召开全国人民代表大会，以制定宪法，批准国家五年建设计划纲要和选举新的中央人民政府。"②

经过严肃讨论，大会一致通过了《中央人民政府委员会关于召开全国人民代表大会及地方各级人民代表大会的决议》。《决议》认为："中央人民政府委员会认为

---

① 李维汉：《回忆与研究》下，中共党史出版社2013年版，第611页。
② 穆兆勇编著：《第一届全国人民代表大会实录》，广东人民出版社2006年版，第49页。

现在召开全国人民代表大会的条件已经具备，根据中华人民共和国中央人民政府组织法第七条第十款的规定，决议于一九五三年召开由人民用普选方法产生的乡、县、省（市）各级人民代表大会，并在此基础上接着召开全国人民代表大会。在这次全国人民代表大会上，将制定宪法，批准国家五年建设计划纲要和选举新的中央人民政府。"①

为了起草宪法，会议决定成立中华人民共和国宪法起草委员会，由33名委员组成。以毛泽东为主席，以朱德、宋庆龄、李济深、李维汉、何香凝、沈钧儒、沈雁冰、周恩来、林伯渠、林枫、胡乔木、高岗、乌兰夫、马寅初、马叙伦、陈云、陈叔通、陈嘉庚、陈伯达、张澜、郭沫若、习仲勋、黄炎培、彭德怀、程潜、董必武、刘少奇、邓小平、邓子恢、赛福鼎、薄一波、饶漱石为委员。②李维汉任秘书长，田家英任副秘书长。

宪法起草委员会的名单，不仅有中央人民政府主席、副主席，政务院总理、副总理，全国政协主席、副主席等国家政治机关首脑、负责人，还囊括了学术界代表、工商界代表、妇女界代表、民主党派代表和无党派爱国人士。

---

① 中共中央文献研究室编：《建国以来重要文献选编》第四册，中央文献出版社1993年版，第16—17页。
② 高岗、饶漱石未实际参与宪法起草委员会工作。

比如，李济深是中央人民政府副主席、全国政协副主席、中国国民党革命委员会中央主席，何香凝是中华全国妇女联合会名誉主席、政务院华侨事务委员会主任、中国国民党革命委员会中央常委，马寅初是北京大学校长、无党派人士，马叙伦是教育部部长、中国民主促进会中央主席，陈叔通是全国政协副主席、中华全国工商业联合会筹备委员会主任委员，陈嘉庚是全国政协常委、著名爱国华侨领袖，张澜是中央人民政府副主席、民盟主席，郭沫若是政务院副总理、中华全国文学艺术会主席，黄炎培是政务院副总理、中国民主建国会中央委员会主任委员。从人员构成看，宪法起草委员会具有广泛的代表性和权威性，既强调了共产党的领导地位，又展现了合作协商的民主精神，体现了宪法制定的高规格、严肃性和民主性。

同时，中共为了加强对宪法制定工作的领导，1953年3月15日，中共中央政治局决定成立宪法研究小组，由陈伯达、胡乔木、董必武、彭真、邓小平、李维汉、张际春、田家英8人组成。

从目前掌握的材料看，宪法起草委员会和宪法研究小组自成立后并没有开展实质性的活动，直到一年后，即1954年3月23日，宪法起草委员会才召开第一次会议。然而有学者在梳理历史资料时发现，1953年5月3日，中共中央办公厅下发了《中华人民共和国宪法草案初稿（第一部分）》，目前可以看到的内容只有序言和总纲部分，共36条。①通过与1954年颁布的宪法相比较，两者相同或基本相同的法条有14条，这反映出1953年宪法草案（初稿）为1954年宪法正式文本提供了重要基础，其结构编排、内容形式等都对1954年宪法产生一定的影响。可惜的是，1953年宪法草案的起草机构、起草人目前没有资料去证实。如果从机构职责推测，应和宪法起草委员会或宪法研究小组有关。

四、"规定一个合乎当前实际的最民主选举制度"

1953年1月，中央人民政府委员会第20次会议通过的《中央人民政府委员会关于召开全国人民代表大会及地方各级人民代表大会的决议》指出："由人民用普选方法产生的乡、县、省（市）各级人民代表大会，并在此基础上接着召开全国人民代表大会。在这次全国人民代表大会上，将制定宪法，批准国家五年建设计划纲要和选举新的中央人民政府。"②为了尽快落实各级人大代表的选举，

① 韩大元编著：《1954年宪法与中国宪政》，武汉大学出版社2004年版，第69页。
② 中共中央文献研究室编：《建国以来重要文献选编》第四册，中央文献出版社1993年版，第16—17页。

必须要有一部《选举法》做指导，"规定一个合乎当前实际的最民主选举制度"①，使各项选举准备工作有法可依。于是，制定《选举法》，以供全国人民遵照执行，成为当务之急。

毛泽东在《新民主主义论》中曾指出："必须实行无男女、信仰、财产、教育等差别的真正普遍平等的选举制，才能适合各阶级在国家中的地位，适合于表现民意和指挥革命斗争，适合于新民主主义精神。"这是中共在新民主主义革命时期，对选举工作的基本构想，同时也为新中国选举法的制定提供了基本原则方向。②

其实早在1952年，中共中央就已经开始着手准备选举工作。1952年12月18日，周恩来主持召开了关于选举工作和制定宪法问题的座谈会。关于"选举制度的原则"，他提出应该坚持和贯彻"普选""平等""秘密与公开并用"等原则。③同月25日周恩来讲到，此次议定普选方针概括为："这次普选运动是要全党参加，政府出面，训练干部，发动群众，深入宣传，认真选举，以达到民主建政的目的。"同时要求"各大区同志回去后本此方针传达

---

① 中共中央文献研究室编：《邓小平文集（一九四九—一九七四）》中卷，人民出版社2014年版，第55页。
② 中共中央文献研究室编：《邓小平文集（一九四九—一九七四）》中卷，人民出版社2014年版，第55页。
③ 穆兆勇编著：《第一届全国人民代表大会实录》，广东人民出版社2006年版，第49页。

为要"①。

1953年1月13日，中华人民共和国选举法起草委员会正式成立，以周恩来为主席，由安子文、李维汉、李烛尘、李章达、吴玉章、高崇民、陈毅、张治中、张奚若、章伯钧、章乃器、许德珩、彭真、彭泽民、廖承志、刘格平、刘澜涛、刘宁一、邓小平、蔡廷锴、蔡畅、谢觉哉、罗瑞卿为委员组成。②这个委员会一成立，立即投入紧张工作中。需要指出的是，选举法起草委员会主席是周恩来，具体工作则是在邓小平领导下开展的。

1月15日，《人民日报》刊登社论《迎接普选，实行人民代表大会制度》，社论指出："我们的选举是要使人民，主要是劳动人民，真正能够选举自己所乐意选举的人去代表自己；同时要使被选出的代表真正能够代表人民群众的意见和要求，把它反映到人民的政权机关中去。""现在，我们全国人民都应该根据中央人民政府委员会通过的决议，积极行动起来，认真地准备这次普遍的民主选举运动。"而"做好这样的普选工作，无疑地是一项艰巨的任务"。"为了做好乡和县的选举工作以及其他各级的选举工作，我们希望中央人民政府委员会决议成立

---

① 中共中央文献研究室编：《周恩来年谱（1949—1976）》上卷，中央文献出版社1997年版，第274页。

② 中共中央文献研究室编：《建国以来重要文献选编》第四册，中央文献出版社1993年版，第17页。

的选举法起草委员会，早日完成起草的工作，并且希望中央人民政府委员会早日加以公布"。①

在各方的共同努力下，选举法草案制定工作迅速推进。1月21日至23日，周恩来主持选举法起草委员会会议，讨论修改《中华人民共和国全国人民代表大会选举法（草案）》。25日，周恩来致信毛泽东："现将经选举法委员会讨论后修改的稿本送上审阅。其中只有选举法的名称尚争论未决。有人主张选举法前面应冠以'各级人民代表大会'字样，似亦无不可。"周恩来还在信中建议："（二十七日）可在选举法起草委员会作文字通过，然后即可由小平同志在（二十八日）全国委员会座谈会中作一报告"，"二十九日分开小组会，听取他们对选举法草案的意见"。②26日，毛泽东批示同意周恩来的意见，并认为选举法的内容好。③

自1月13日至1月27日，仅用两周时间，《中华人民共和国全国人民代表大会及地方各级人民代表大会选举法（草案）》（简称《选举法（草案）》）正式完成。28日，受周恩来委托，邓小平到政协全国委员会做关于《选

① 《迎接普选，实行人民代表大会制度》，《人民日报》，1953年1月15日，第2版。
② 中共中央文献研究室、中央档案馆编：《建国以来周恩来文稿》第八册，中央文献出版社2018年版，第54页。
③ 中共中央文献研究室编：《周恩来年谱（1949—1976）》上卷，中央文献出版社1997年版，第281页。

举法（草案）》的说明报告。他在报告中对《选举法（草案）》的主要内容做了说明，另外还详细说明了起草选举法总的精神和根据中国国情所确定的普遍、平等、直接、秘密的选举原则。他还解释说："起草选举法，鉴于中国情况的复杂性和发展不平衡性，要照顾到每一个情况很困难，'不可能很具体'，'只能写得概括一点'。"①

在中共中央领导制定选举法期间，一些民主党派人士还是存有疑虑。尽管此前毛泽东、周恩来等中共领导人对为何搞选举、制定宪法做过解释，他们对此也表示理解和赞同，但部分民主党派人士仍忧虑中共的统一战线政策是否发生改变。而此时，中共党内也的确有一些"左"倾思想或认识不清的人，主张撤销政协组织。党内这种声音，也对民主党派产生一定影响。

为了打消民主党派人士的顾虑，1953年1月19日，周恩来在招待中国国民党革命委员会二届三中全会（扩大）会议代表时说：中国共产党"在考虑人民代表时，既要掌握原则的严肃性，还要有实际的灵活性，对友党要宽些，但原则是一致的，要选出肯为人民服务的人。只要真心为人民服务，民主党派朋友是可以得到照顾和安排的"②。

① 中共中央文献研究室编：《邓小平年谱》第二卷，中央文献出版社2020年版，第445页。
② 中共中央文献研究室编：《周恩来年谱（1949—1976）》上卷，中央文献出版社1997年版，第281页。

1月28日，邓小平在全国政协党组会上继续解释："人代大会并非宣告统战政策的结束，而是要加强，要联系更多的群众。"保留政协组织，充分发挥民主人士的积极作用，"这是国家建设的重要环节"。"这些人有代表性，能代表各阶层的意见，可随时反映，这对我们考虑问题很有帮助，对我党决策有好处"。他还告诉大家：即将召开的中国人民政治协商会议第一届全国委员会第四次全体会议，会议的一个关键就是解除党外人士对统战政策的顾虑，"体现统战政策不变的精神"。①

2月1日，周恩来再次答复了一些人对普选提出的疑问，说："人民迫切需要实行普选，好把他们自己所真正满意的和认为必要的人选举出来，代表自己去参加国家政权机关的工作，负责管理国家的事务和与自己有关的事务，而把他们自己所不满意的和认为无必要的人撤掉。我们没有理由，更无任何权力去反对或推迟实现全国人民迫切需要行使的这种基本权力。"②周恩来和邓小平的讲话，很有说服力，澄清了一些认识上的错误，也给民主党派人士吃了"定心丸"。

2月3日下午，毛泽东主持中共中央政治局会议。会议

---

① 中共中央文献研究室编：《邓小平传（1904—1974）》下，中央文献出版社2014年版，第934页。

② 中共中央文献研究室编：《周恩来年谱（1949—1976）》上卷，中央文献出版社1997年版，第283页。

讨论了《中华人民共和国全国人民代表大会及地方各级人民代表大会选举法（草案）》。①11日，根据《共同纲领》有关普选的规定，研究了3年多来我国人民民主政权的运作情况，吸收别国选举的经验并征求各方的意见，经过多次讨论和修改，《选举法（草案）》共十章六十五条，提交中央人民政府委员会第22次会议审议，邓小平受选举法委员会的委托就《选举法（草案）》向会议做了说明。

邓小平指出："在《选举法（草案）》中，贯穿着一个总的精神，就是如何根据国家的情况，规定一个合乎当前实际的最民主选举制度。"会上，邓小平就《选举法（草案）》体现选举的普遍性、选举权的平等性和选举形式、代表名额的确定原则、少数民族代表及基层人民代表大会的选举等，一一做了详细的说明。他说："《选举法》的通过和公布，是我们国家一件具有伟大历史意义的事件。如果说我们国家正式开始的第一个五年建设计划标志着我国经济、文化发展的新阶段，那么，《选举法》的颁布标志着我国人民民主政治发展的新阶段。"②

这次会议表决通过了《中华人民共和国全国人民代表大会及地方各级人民代表大会选举法（草案）》。3月1

---

① 中共中央文献研究室编：《邓小平年谱》第二卷，中央文献出版社2020年版，第446页。

② 中共中央文献研究室编：《邓小平文集（一九四九——一九七四）》中卷，人民出版社2014年版，第55、70页。

日，毛泽东签署主席命令，公布实施《选举法》。普选，是这部《选举法》的重要原则，也是中共长期追求的奋斗目标之一。通过《选举法》的形式把中国人民追求的人民民主用法律的形式规定下来，是一个巨大的历史进步，为人民代表大会的顺利召开奠定了法律制度基础。

五、宪法制定工作的推迟

1953年1月1日，《人民日报》发表元旦社论，提出召开全国人民代表大会、制定宪法是1953年的三大任务之一。13日，中央人民政府委员会第20次会议决议，在当年9月间要召开全国人民代表大会，通过宪法。实际上，宪法起草工作被推迟了将近一年的时间，直到1954年1月才启动。这里有两个原因。

1.自然灾害对基层选举工作的影响
制定宪法的前提是召开全国人民代表大会，而要召开全国人民代表大会，又必须进行全国基层选举，其中涉及人口普查、选民登记等一系列事务，需要集中大量人力物力来完成。1953年春季，一些省份面临严重的水旱灾害、蝗虫灾害、霜冻灾害等，基层选举工作也受到很大影响。

保证粮食增产，满足国家和人民需求，是农业生产的一项首要任务。因此，在基层选举工作开展的过程中，邓小平特地强调"选举工作要从各地实际情况出发做好安排，反对搞形式主义，选举工作不能妨碍生产"①。为了保证春耕，3月7日，邓小平在主持各大行政区负责人会议，研究如何做好基层选举工作时议定："全国基层选举工作，将原来设想的三个月改为半年时间，即在今年五月到十月内进行，以利更好地实现选举的预期目标。"②

　　但是由于农业灾情的日益加重，选举工作不得不再次做出调整。1952年入冬以来，"安徽、江苏、河南、山东、山西等主要产麦省份，先后遭受寒流或晚霜、虫、雹等灾害，不少地区小麦减产，某些早春作物（蚕豆、豌豆等）亦已遭受损失"。"北方部分地区春旱尚未解除，大秋作物及时播种，尚有困难。长江以南部分地区，又因阴雨连绵，发生烂秧现象"。1953年5月16日，周恩来发出指示："要将生产救灾工作，作为当前压倒一切的中心任务。凡与生产救灾无关的各项工作，该停则停，该缓则缓，切实集中全力领导灾区人民战胜自然灾害，度过春荒，并做好预防夏荒的准备。"③

　　① 中共中央文献研究室编：《邓小平传（1904—1974）》下，中央文献出版社2014年版，第936页。
　　② 中共中央文献研究室编：《邓小平年谱》第二卷，中央文献出版社2020年版，第451页。
　　③ 中共中央文献研究室、中央档案馆编：《建国以来周恩来文稿》第八册，中央文献出版社2018年版，第311、316页。

　　几乎是同时，蝗虫灾害又席卷而来。1953年4月间，"河南、山西（主要是南部）、山东、安徽、江苏、四川等产麦地区，先后发现麦蜘蛛、麦蚜虫等虫害；陕西、河南、安徽等地的麦田中，小麦吸浆虫幼虫也开始羽化出土。麦蜘蛛的蔓延极为迅速。河南初期发现麦蜘蛛的地区仅有三十多个县，到三月底即已扩大到八十五个县。山西运城专区三月初仅在猗氏县少数村庄发现这种害虫，到三月中就已遍及全区了"[①]。5月间，蝗区各省"查卵面积已达三百三十七万余亩（新疆蝗区不在内）"，"部分地区，积水还没有退，如果继续干旱，水退以后，蝗蝻也要孵化。估计从五月二十日起的半个月内将为蝗区各省消灭夏蝻紧张阶段"。[②]

　　面对严重的农业灾害，6月3日，邓小平代中共中央起草了给中央局、分局，各省、市的电报，确定推迟全国基层选举工作。电报中说："今年农村灾情严重，麦收减产，如果没有一个较好的秋收，将使我们遇到很大的困难。因此，加强对基层农业生产的指导，成为当前各级党委和各级人民政府压倒一切的中心任务。凡是足以妨碍生产的事情，都以停止进行或推迟进行为有利。全国基层选

　　① 中国社会科学院、中央档案馆编：《中华人民共和国经济档案资料选编（1953—1957）（农业卷）》，中国物价出版社1998年版，第482—483页。
　　② 《蝗区各地政府应迅速作好治蝗准备工作》，《人民日报》，1953年5月16日，第2版。

举工作，也必须在不妨碍农业生产的原则下去进行。"①

6月6日，根据毛泽东、刘少奇等的意见，最后确定："全国基层选举一般地推迟于一九五三年十二月底以前完成，有些省市亦可根据自己的工作情况，推迟到一九五四年一月份、二月份甚至三月份去完成。县（市）人民代表大会一般地推迟至一九五四年一月以前举行完毕，有些省市亦可推迟到二月份、三月份甚至四月份去完成。省（市）人民代表大会时间，以后另行规定。"②

9月18日，在中央人民政府委员会第28次会议上，邓小平做了《关于目前基层选举问题及推迟全国人民代表大会及地方各级人民代表大会问题的说明》，指出："基层普选，现在有的地区业已展开，但有的秋收后才能展开。因此，中央人民政府委员会第二十次会议关于今年省（市）、县、乡三级人民代表大会的决定，现在看来已不可能实现。"③会议决定把全国人民代表大会及地方各级人民代表大会推迟到1954年。而随着召开全国人大时间的推迟，宪法制定颁布的时间也同时推迟了。

① 中共中央文献研究室编：《邓小平传（1904—1974）》下，中央文献出版社2014年版，第937页。

② 中共中央文献研究室编：《邓小平年谱》第二卷，中央文献出版社2020年版，第472页。

③ 中共中央文献研究室编：《邓小平年谱》第二卷，中央文献出版社2020年版，第485页。

2.过渡时期理论尚在完善中

宪法起草工作推迟的另一个原因，就是过渡时期理论尚处于发展中。如前所述，中共决定制定宪法的一个重要内在动因是对过渡理论的认识发生转变，当时准备制定的是社会主义类型的宪法，以代替新民主主义性质的临时宪法《共同纲领》。通过新宪法的目的是，反映"国家在过渡时期的根本要求和全国人民建设社会主义的共同愿望"，并以法律的形式，把"逐步实现社会主义改造，逐步消灭剥削制度，建立社会主义"过渡时期的总任务固定下来。[①]制定社会主义类型宪法，如果社会主义过渡时期理论的重要内容不确定，宪法也就无法制定。

1952年9月，毛泽东在中央书记处会议上第一次提出由新民主主义社会向社会主义社会过渡的想法，即准备用10年到15年的时间，完成向国家工业化和社会主义过渡。但是，直到1953年6月以前，向社会主义过渡问题还处在酝酿阶段。刘少奇曾说："我们所设想的怎样过渡到社会主义的大体方法"，"这些问题还没有在中共中央的会议上讨论，还只是若干同志的一种设想并非正式的谈话中谈

---

① 《在第一届全国人民代表大会第一次会议上 代表们关于宪法草案和报告的发言》，《人民日报》，1954年9月17日，第2版。

论过。"①毛泽东关于向社会主义转变的意见，是在很小范围内讲的。当时的公安部部长罗瑞卿却在相当范围内传达了。被中央发现后，罗瑞卿做了检讨并请求处分。毛泽东也做了自我批评，他说："此事因为我过去说过"，没有说明"传达范围和什么人不要传达，故有些同志在相当范围内传达了"，"此事不应由他们负责，应由我负责"。②从此事可以看出，毛泽东和中共中央在决定何时向社会主义过渡时是很慎重的。薄一波后来也回忆："过渡时期总路线，主席是从1952年9月以后经常讲，但开始未形成一个完整的辞。"③

1953年3月至4月，遵照毛泽东一贯倡导的注意调查研究的精神，中共中央统战部组织调查组，在李维汉的带领下前往武汉、上海、南京、无锡、常州等地进行调查研究。当年5月，调查组向中共中央报送了《资本主义工商业中公私关系问题》的报告。中共中央和毛泽东、刘少奇等都非常重视中央统战部的调查报告，决定提交中央政治局讨论。

6月15日，中央政治局召开会议。会议肯定了这个报告，决定通过国家资本主义的道路对资本主义工业进行

① 中共中央文献研究室、中央档案馆编：《建国以来刘少奇文稿》第四册，中央文献出版社2005年版，第529页。
② 中共中央文献研究室：《毛泽东传（1949—1976）》上，中央文献出版社2004年版，第244—245页。
③ 林蕴晖、范守信、长弓：《凯歌行进的时期：1949—1976年的中国》，人民出版社2009年版，第236页。

社会主义改造，过渡到社会主义。毛泽东在会上讲话，第一次对过渡时期总路线和总任务的内容做了比较完整的表述。他说："党在过渡时期的总路线和总任务，是要在10年到15年或者更多一些时间内，基本上完成国家工业化和对农业、手工业、资本主义工商业的社会主义改造。""这条总路线是照耀我们各项工作的灯塔。不要脱离这条总路线，脱离了就要发生'左'倾或右倾的错误。"①

至此，毛泽东关于过渡时期总路线的建议，为中央政治局所接受，并开始作为党的总路线正式向下传达，要求全党贯彻执行。1953年12月，由中共中央宣传部拟订，经毛泽东修改和中共中央批准的《为动员一切力量把我国建设成为一个强大的社会主义国家而斗争——关于党在过渡时期总路线的学习和宣传提纲》，对总路线做了更为完整的表述："从中华人民共和国成立，到社会主义改造基本完成，这是一个过渡时期。党在这个过渡时期的总路线和总任务，是要在一个相当长的时期内，逐步实现国家的社会主义工业化，并逐步实现国家对农业、对手工业和对资本主义工商业的社会主义改造。这条总路线是照耀我们各项工作的灯塔，各项工作离开它，就要犯右倾或"左'倾

---

① 中共中央文献研究室编：《毛泽东年谱（1949—1976）》第二卷，中央文献出版社2013年版，第116页。

的错误。"①

从1952年9月提出向社会主义过渡，到1953年12月最后确定过渡时期总路线的完整表述，经过了一个比较长的过程。过渡时期总路线的确定，理论上的重大问题得到解决，使得制定宪法有了明确的指导思想、原则依据。同时，毛泽东作为宪法起草委员会的主席、第一负责人，1953年"主要精力用于解决过渡时期总路线及有关问题，一时还腾不出手来搞宪法"。②过渡时期总路线提出后，毛泽东便立刻投入到宪法起草工作中。

① 中共中央文献研究室编：《毛泽东年谱（1949—1976）》第二卷，中央文献出版社2013年版，第201页。

② 中共中央文献研究室编：《毛泽东传（1949—1976）》上，中央文献出版社2004年版，第316页。

第三章　草案："前后总算起来，恐怕有一二十个稿子"

　　宪法是一个国家的根本大法，规定国家生活最根本、最重要的问题，关系到国家长治久安。因此，毛泽东对宪法的起草非常重视，亲自挂帅。他不仅担任中华人民共和国宪法起草委员会主席，还担任了中共中央宪法起草小组组长，直接领导了宪法草案的起草工作。在毛泽东的主持下，1954年3月15日，宪法起草工作顺利完成，为宪法起草委员会提供了一个可供讨论、修改的宪法草案（初稿）。

一、宪法草案第一稿

　　1953年5月3日，中共中央办公厅印发《中华人民共和国宪法草案初稿（第一部分）》。其中，序言共8个自然段，总纲只有3部分内容：第一部分"中华人民共和国"（8条）、第二部分"经济制度"（8条）、第三部分"公民的基本权利和义务"（20条），共36条。这是目前发现的最早的宪法草案版本，但起草者、起草过程等细节不甚明了。有学者从时间上推断"可能是为1953年召开全国人民代表大会而准备的草案"，后因时间推迟，没有完成。①

　　这个版本的宪法草案最终被搁置，没有成稿，可能与过渡时期总路线的提出有着直接关系。宪法草案起草之初，是以《共同纲领》为参考，并在此基础上，加以提升和完善。在1953年1月，中央人民政府委员会第20次会议上，周恩来说："宪法的主要内容，应包括我们的国家制度、社会结构、人民权利三部分。而这些内容在《共同纲领》里面已经包含了。""《共同纲领》中已经实行的或者将要实行的以及必定实行的有关规定，可以把它拿到宪法里面来。"②《中华人民共和国宪法草案初稿（第一部分）》即是按照这个思路起草。

　　1953年6月，中共中央提出了过渡时期总路线，对宪法起草工作也提出了新要求。6月6日晚，毛泽东在颐年堂召集刘少奇、朱德、周恩来、邓小平、陈伯达、胡乔木开会，商讨宪法草案起草工作。③目前为止，尚未有公开的

①　韩大元编著：《1954年宪法与中国宪政》，武汉大学出版社2004年版，第68页。
②　周恩来：《全国人民代表大会应该有自己的法律——宪法（一九五三年一月十三日）》，《党的文献》，1997年第1期。
③　中共中央文献研究室编：《毛泽东年谱（1949—1976）》第二卷，中央文献出版社2013年版，第110页。

档案资料披露此次会议情况，结合当时背景推测，会议内容应与过渡时期总路线和宪法草案起草密切相关。此时要制定的宪法"不仅要在《共同纲领》基础上，全面地、规范地确立人民民主的原则，还必须遵循社会主义的原则，用国家根本大法形式将过渡时期的总任务确定下来"，以保证在中国建立社会主义社会，同时与逐步过渡的任务相适应，"制定一部向社会主义过渡时期的宪法"[①]。就是说，过渡时期总路线提出的社会主义原则，必须贯彻于宪法中。因此，原本以人民民主原则为指导的《中华人民共和国宪法草案初稿（第一部分）》，也就显得不相适应，起草一个新的宪法草案成为迫切任务。

据胡乔木回忆，起草宪法草案的新任务落在了陈伯达身上。1953年11月至12月，在中共中央集中力量搞过渡时期总路线宣传提纲时，宪法的起草工作已经开始，中央人民政府办公厅编辑了4本《宪法选举法资料汇编》。陈伯达在此期间起草了宪法草稿，但没有被采纳。[②]

目前没有看到这一草稿的原文，未被采用的原因，我们可从胡乔木的回忆推测一二："1953年底，毛主席指定

① 中共中央党史研究室：《中国共产党历史（第二卷）》上册，中共党史出版社2011年版，第252页。
② 《胡乔木传》上，当代中国出版社、人民出版社2015年版，第226页。

陈伯达、田家英和我准备去杭州起草宪法。"①关于这段历史《胡乔木传》这样写道："在毛泽东召集的第一次起草小组会上，胡乔木对陈伯达起草的宪法草稿提了许多修改意见。""更为重要的是，毛泽东对陈伯达的草稿很不满意，在许多重大问题上当面提出种种修改意见。"

从上述资料可看出，陈伯达的宪法草案曾被广泛地讨论修改过，尤其是毛泽东提出多条修改意见。之所以未采用，还是稿子本身的问题。胡乔木说："看了陈伯达起草的宪法草稿，觉得问题太多。田家英也有同感。"②毛泽东对草稿"很不满意"，讨论修改后，认为仍难以达到预期，不符合其宪法构想，最终陈伯达拟的宪法草案（初稿）被废弃。

值得注意的是，陈伯达拟的宪法草案在12月已完成，同月"关于党在过渡时期总路线的学习和宣传提纲"正式确定。也就是说，在陈伯达起草宪法草案的同时，有关党在过渡时期总路线的内容仍处于丰富完善阶段。从这个角度看，陈伯达的宪法草案很难反映出过渡时期总路线的最新要求。此外，该草案还存在结构体例、内容框架等问题，使得毛泽东最终决定重新起草一稿。对陈伯达的贡

---

① 董边、镡德山、曾自：《毛泽东和他的秘书田家英》，中央文献出版社1996年版，第166页。

② 《胡乔木传》上，当代中国出版社、人民出版社2015年版，第226页。

献，毛泽东并没有忘记，仍给予肯定，他曾在1954年6月说："宪法的起草差不多前后7个月，最初的第一个稿子是在去年11、12月间，那是陈伯达同志一个人写的。[①]"有学者称：将陈伯达一个人写的宪法草案视为"第一个初稿"[②]，这个评价还是相当高的。

二、西子湖畔的起草小组

为了完成起草宪法这项重任，毛泽东决定暂时远离中央一线，由刘少奇暂替主持中共中央工作。[③]1953年12月24日，毛泽东乘专列离开北京，前往杭州准备宪法起草工作。为什么选择到杭州，据当时负责安排毛泽东一行日程的浙江省委书记谭启龙回忆说："毛主席喜欢来浙江、来杭州，并不是来游览，观赏西湖的风景名胜，而是因为这里比较清静，能够使他静下心，夜以继日地思考党和国家的重大事情。"[④]

[①] 中共中央文献研究室编：《毛泽东年谱（1949—1976）》第二卷，中央文献出版社2013年版，第247页。

[②] 秦立海：《从〈共同纲领〉到"五四宪法"：1949—1954年的中国政治》，人民出版社2017年版，第224页。

[③] 沈志华主编：《俄罗斯解密档案选编：中苏关系》第五卷，东方出版中心2015年版，第40—41页。

[④] 浙江省毛泽东思想研究中心、中共浙江省委党史研究室编：《毛泽东在浙江》，中共党史出版社1993年版，第4页。

1.成立宪法起草小组

1953年底，中共中央决定成立宪法起草小组，负责宪法草案起草工作。小组由毛泽东亲自担任组长，成员有陈伯达、胡乔木和田家英。三人不仅都是毛泽东的秘书，陈伯达和胡乔木还是宪法起草委员会成员，田家英兼任宪法起草委员会副秘书长。宪法草案（初稿）就是由起草小组在杭州完成的。

从宪法起草小组成立看，是对宪法起草工作程序做出的重大调整。按照1953年1月中央人民政府委员会第20次会议决议，宪法起草工作应由宪法起草委员会完成，即宪法起草是国家主导。而宪法起草小组是中共党内的起草机构，受中共中央领导，由它直接负责宪法起草工作，就意味着起草工作变成了政党主导，宪法起草委员会不再承担具体起草任务，其职责变成了对宪法的修改和审议。新的宪法制定程序是：宪法草案（初稿）由宪法起草小组领导制定，提交宪法起草委员会审议、修改，再由中央人民政府中央委员会通过，并提交全国人大。[①]宪法起草工作程序的调整，体现了中共对宪法起草工作领导意识的加强。

从宪法起草小组人员构成看，无论是毛泽东，还是陈

---

① 韩大元编著：《1954年宪法与中国宪政》，武汉大学出版社2004年版，第67—68页。

伯达、胡乔木、田家英都没有法学教育背景。因此，有学者认为，正如此前宪法起草委员的组成一样，没有法学家参与是一个遗憾，并分析说："这可能与中共和毛泽东对旧中国培养的法学人才在政治上不够信任，而新中国又缺乏自己培养的法学人才有关。"①这样分析略显偏颇。一方面，从宪法本身讲，宪法不是一般的法律，它是国家的根本法、治国安邦的总章程，是一个特定社会政治经济和思想文化条件综合作用的产物。在起草宪法草案（初稿）时，毛泽东指示：宪法必须记录国家的实际情况，反映社会关系的大变革，总结经验，巩固成果。②因此，宪法起草者要了解国情，对中国的革命历史进程要有深刻把握，这是当时大多数法学家都做不到的。另一方面，从宪法性质讲，要制定的宪法，是社会主义类型宪法，也是"一个过渡时期的宪法"，要充分表达逐步过渡到社会主义的根本要求。③毛泽东是过渡时期总路线的主要提出者，陈伯达、胡乔木、田家英也都是这一理论从提出到完善的重要参与者。他们对过渡时期理论的深刻把握和理解，是宪法顺利制定的保证。从这两方面看，宪法起草小组的成员组

---

①　秦立海：《从〈共同纲领〉到"五四宪法"：1949—1954年的中国政治》，人民出版社2017年版，第225页。

②　《关于〈中华人民共和国宪法草案（初稿）〉起草工作的说明》（内部资料），1954年3月23日，第1页。

③　《关于〈中华人民共和国宪法草案（初稿）〉起草工作的说明》（内部资料），1954年3月23日，第1页。

成是最合适的。

此外，从宪法起草小组成员的经历看，他们都具有宪法制定经验。早在根据地局部执政时期，毛泽东就曾领导制定过具有宪法性质的文件，如《中华苏维埃共和国宪法大纲》《陕甘宁边区抗战时期施政纲领》《陕甘宁边区施政纲领》等，虽然这和掌握全国政权后制定的宪法不能同日而语，但也积累了一定经验。更为重要的一点是，"在人民中及各党派中威信很好"的《共同纲领》[①]，是由毛泽东直接领导制定的，胡乔木也是重要参与者，这一优势是他人无法企及的。

2.宪法草案（初稿）的起草过程

1953年12月27日，毛泽东一行抵达杭州。他曾跟随行人员说："宪法是一个国家的根本法，从党的主席到一般老百姓都要按照它做，将来我不当国家主席了，谁当也要按照它做，这个规矩要立好。"[②]宪法草案起草工作从1954年1月9日开始到3月9日结束，历时两个月。这期间，宪法起草小组夙兴夜寐，呕心沥血，为宪法草案的完成付出巨大辛劳。

---

① 中共中央文献研究室、中央档案馆编：《建国以来刘少奇文稿》第四册，中央文献出版社2005年版，第536页。

② 龙新民、张静如：《中国共产党90年史话》，中共党史出版社、中国书籍出版社2015年版，第294页。

1月9日,宪法的起草工作开始运转。谭启龙回忆:"当时毛主席住在刘庄一号楼,每天午后3点,他便带领起草小组驱车绕道西山路,穿过岳王庙,来到北山街84号的办公地点,当时北山街84号大院30号是由主楼和平房两部分组成,主楼先前是谭震林一家居住的,谭震林调到上海后,我家搬进去了。我们让出后,毛主席就在平房里办公,宪法起草小组在主楼办公。"①

1月15日,毛泽东致电刘少奇等,通报了宪法起草小组的工作计划,"宪法小组的宪法起草工作已于一月九日开始,计划如下:(一)争取在一月三十一日完成宪法草案初稿,并随将此项初稿送中央各同志阅看。(二)准备在二月上半月将初稿复议一次,请邓小平、李维汉两同志参加。然后提交政治局(及在京各中央委员)讨论作初步通过。(三)三月初提交宪法起草委员会讨论,在三月份内讨论完毕并初步通过。(四)四月内再由宪法小组审议修正,再提政治局讨论,再交宪法起草委员会通过。(五)五月一日由宪法起草委员会将宪法草案公布,交全国人民讨论四个月,以便九月间根据人民意见作必要修正后提交全国人民代表大会作最后通过"②。这是一个

---

① 浙江省毛泽东思想研究中心、中共浙江省委党史研究室编:《毛泽东在浙江》,中共党史出版社1993年版,第5页。
② 中共中央文献研究室编:《毛泽东文集》第六卷,人民出版社1999年版,第320页。

时间比较紧凑的计划，虽然个别环节略有延宕，"从总体看，计划是全部实现了"①。

由于宪法起草小组起草的草案，必须先在中共中央政治局审议后，才能提交宪法起草委员会。为了增加中共领导层的宪法知识储备，使"政治局便于讨论"，毛泽东指示："望各政治局委员及在京各中央委员从现在起阅读相关宪法参考书目：（一）一九三六年苏联宪法及斯大林报告（有单行本）；（二）一九一八年苏俄宪法（见政府办公厅编宪法及选举法资料汇编一）；（三）罗马尼亚、波兰、德国、捷克等国宪法（见人民出版社《人民民主国家宪法汇编》，该书所辑各国宪法大同小异，罗、波取其较新，德、捷取其较详并有特异之点，其余有时间亦可多看）；（四）一九一三年天坛宪法草案，一九二三年曹锟宪法，一九四六年蒋介石宪法（见宪法选举法资料汇编三，可代表内阁制、联省自治制、总统独裁制三型）；（五）法国一九四六年宪法（见宪法选举法资料汇编四，可代表较进步较完整的资产阶级内阁制宪法）。"②次日，刘少奇复电毛泽东："此间同志同意主席所定宪法起草工作及讨论的计划。即将来电印发给在京

---

① 中共中央文献研究室编：《毛泽东传（1949—1976）》上，中央文献出版社2004年版，第317页。

② 中共中央文献研究室编：《毛泽东文集》第六卷，人民出版社1999年版，第320—321页。

各中委及候补中委，并要他们阅读所列参考文件。"①

宪法草案起草工作进展得比较顺利，经过起草小组紧张工作，2月17日，宪法草案（初稿）就完成了。从2月17日到3月9日，宪法草案（初稿）进入了党内审议阶段。

2月17日，毛泽东致电刘少奇并书记处各同志："现将宪法初稿（五份）派人送上，请加印分送政治局及在京中委各同志，于二月二十日以后的一星期内开会讨论几次，将修改意见交小平、维汉二同志带来这里，再行讨论修改（约七天左右即够）。然后，再交中央讨论，作初步决定（仍是初稿），即可提交宪法起草委员会讨论。因此，小平、维汉原定二十日动身来此的计划，可推迟到月底动身。送初稿的人，明（十八）日动身，二十日可到北京。"②

毛泽东布置政治局及在京中央委员讨论宪法的同时，主持了对宪法草案（初稿）的通读通改。2月24日，起草小组完成了"二读稿"，当天毛泽东致电刘少奇："兹将宪草初稿第二章以下二读稿及宪草小组报告送上，请印发各同志阅看。"但毛泽东对这个"二读稿"仍不满意，并批示胡乔木："今天所谈可作修改的地方，请于明日加以修改，并由小组各同志商酌一次，于明夜廿四点以前打好

---

① 中共中央文献研究室编：《刘少奇年谱》下卷，中央文献出版社1996年版，第318页。
② 中共中央文献研究室编：《建国以来毛泽东文稿》第四册，中央文献出版社1990年版，第447页。

清样送我，准备后天（廿六）送给中央。"①

　　根据毛泽东的要求，2月25日，起草小组改出了宪法草案的"三读稿"，并在"三读稿"说明中写明："这个修正草稿较二读稿已作了很多修改（主要是根据主席指示）。""除内容上若干修改外，这次修正，根据主席指示，特别把许多可以避免应当避免的文言字句改掉，力求通顺。"2月26日，毛泽东再次致信刘少奇："为便于中央在这几天讨论宪法草案，这里的小组赶于两天内又作了一次修改，称为三读稿，现送上，请照此印发中央各同志阅看。"②

　　2月28日至3月1日，刘少奇在北京主持召开中共中央政治局扩大会议，讨论并修改宪法草案（初稿）的"三读稿"。会议决定由董必武、彭真、张际春负责，以董必武为主，根据中央政治局讨论的意见及宪法起草小组的意见，将"三读稿"加以研究和修改。③此外，彭真受毛泽东委托，还专门找了比较宪法专家钱端升、国际法专家周鲠生为法律顾问，语言学家吕叔湘等为语言文字顾问，参与宪法草案的讨论和修改。根据彭真秘书项淳一回

　　① 中共中央文献研究室编：《毛泽东年谱（1949—1976）》第二卷，中央文献出版社2013年版，第222页。

　　② 中共中央文献研究室编：《毛泽东年谱（1949—1976）》第二卷，中央文献出版社2013年版，第222—223页。

　　③ 中共中央文献研究室编：《刘少奇年谱》下卷，中央文献出版社1996年版，第318页。

忆："毛泽东在杭州主持起草宪法，稿子一条条传过来，彭真就在北京组织法律专家、语言文字专家讨论和修改，几乎天天和杭州联系。"①

就这样，宪法草案起草工作一直在北京、杭州两地进行。北京讨论一次，意见发到杭州，杭州就修改一次，然后又将修改稿传回北京，每次都有很多修改。②经过紧张的工作，3月9日，宪法草案"四读稿"形成。至此，宪法草案（初稿）起草工作基本结束。

3月12日、13日和15日，刘少奇主持召开中共中央政治局扩大会议，进一步讨论并通过了宪法草案（初稿）的"四读稿"。会议决定：（一）以陈伯达、胡乔木、董必武、彭真、邓小平、李维汉、张际春、田家英8人组成宪法小组，负责初稿的最后修改；（二）组成宪法起草委员会办公室，以李维汉为秘书长，齐燕铭、田家英、屈武、胡愈之、孙起孟、许广平、辛志超为副秘书长。经过修改后的宪法草案（初稿），由毛泽东代表中共中央提交宪法起草委员会。

3月15日，毛泽东率领宪法起草小组人员离开杭州，17日回到北京。去杭州前，毛泽东曾跟身边工作人员

---

① 项淳一：《法律面前人人平等》，见《世纪对话——忆新中国法制奠基人彭真》，群众出版社2002年版，第130页。

② 穆兆勇编著：《第一届全国人民代表大会实录》，广东人民出版社2006年版，第97页。

说：“治国，须有一部大法。我们这次去杭州，就是为了能集中精力做好这件立国安邦的大事。”在杭州期间，宪法起草小组圆满完成宪法草案起草任务，为新中国民主与法制建设奠基立业做出了重大贡献。

三、毛泽东与宪法草案（初稿）

宪法草案（初稿）是在毛泽东直接主持下起草完成的，为此倾注大量心血。他不仅亲自确定了指导思想和编写原则，还对每部分内容做了修改、批示。谭启龙在回忆这段时说：“毛主席那年在杭州起草宪法，经常是通宵达旦地工作，我亲眼目睹了毛主席为起草这部宪法所付出的艰辛与劳累。”①

1.确定了宪法草案的指导思想和编写原则

在中央人民政府委员会第30次会议上，毛泽东曾说：“各位和广大积极分子为什么拥护这个宪法草案呢？为什么觉得它是好的呢？主要有两条：一条是总结了经验；一条是结合了原则性和灵活性。”②从宪法草案起草

---

① 浙江省毛泽东思想研究中心、中共浙江省委党史研究室编：《毛泽东在浙江》，中共党史出版社1993年版，第7页。

② 中共中央文献研究室编：《毛泽东文集》第六卷，人民出版社1999年版，第325页。

过程看，这两条宪法草案起草指导思想和编写原则，都是毛泽东提出的。

（1）提出宪法草案，要总结历史经验。毛泽东在起草宪法时，特别注重历史经验的总结。一方面，总结国内革命和建设经验；另一方面，注重总结世界各国的制宪经验。

第一，对国内革命和建设经验的总结。宪法起草小组在杭州工作时，毛泽东说，起草宪法的根本方针是"以事实为根据，不能凭空臆造"[①]。宪法根据的事实是什么呢？这就是中国革命取得完全胜利的事实，人民民主国家已经巩固地建立起来的事实，社会主义经济已经取得领导地位，并开始逐步过渡到社会主义社会的事实。这就是说，宪法要总结"无产阶级领导的反对帝国主义、反对封建主义、反对官僚资本主义的人民革命的经验，总结了最近几年来社会改革、经济建设、文化建设和政府工作的经验"[②]。宪法要把这些经验，以根本法形式固定下来，以维护中国人民在革命和建设方面的成果。

第二，对世界各国制宪经验的总结。宪法起草时，毛泽东列了国内外有代表性的5种宪法文件，系统地学习比较了国内外各种不同类型的宪法。他认为"制定本国宪

[①]　《关于〈中华人民共和国宪法草案（初稿）〉起草工作的说明》（内部资料），1954年3月23日，第1页。

[②]　中共中央文献研究室编：《毛泽东文集》第六卷，人民出版社1999年版，第325页。

法，参照别国宪法和中国历史上有过的宪法，是完全必要的。人家好的东西，结合中国国情，加以吸收；不好的甚至是反动的东西，也可以引为鉴戒"[①]。

对于资本主义国家宪法，毛泽东做了比较研究，在对待态度上，采取历史唯物主义的方法，不是一笔抹杀。他说："讲到宪法，资产阶级是先行的。英国也好，法国也好，美国也好，资产阶级都有过革命时期，宪法就是他们在那个时候开始搞起的。我们对资产阶级民主不能一笔抹杀，说他们的宪法在历史上没有地位。"[②]在几个主要资本主义国家的宪法中，毛泽东比较看重1946年《法兰西共和国宪法》，认为它代表了比较进步、比较完整的资产阶级内阁制宪法。

对于旧中国的宪法遗产，毛泽东也给予了关注。他说："从清末的'十九信条'起，到民国元年的《中华民国临时约法》，到北洋军阀政府的几个宪法和宪法草案，到蒋介石反动政府的《中华民国训政时期约法》，一直到蒋介石的伪宪法。这里面有积极的，也有消极的。比如民国元年的《中华民国临时约法》，在那个时期是一个比较好的东西；当然，是不完全的、有缺点的，是资产阶级性的，但它带有革命性、民主性。这个约法很简单，据说起草时也很仓卒，从起草到通过只有一个月。其余的几个宪法和宪法草案，整个说来都是反动的。"①

毛泽东多次讲，我们这部宪法是社会主义类型的。因此，他特别注意研究和借鉴1948年颁布的《俄罗斯社会主义联邦苏维埃共和国宪法（根本法）》、1936年颁布的苏联宪法，以及斯大林《关于苏联宪法草案的报告》②，并"参考了苏联和各人民民主国家宪法中好的东西"③。参考了古今中外的各类宪法，目的是借鉴一切有利于人民的制宪经验。这些有益的经验只能是参考，根本上还是从中国实际出发。如毛泽东所说，"我们这个宪法，主要是为了总结我国革命经验和建设经验，同时它也是本国经验和国际经验的结合"，"我们是以自己的经验为主"。④

（2）提出宪法草案要结合原则性和灵活性。 在宪法草案起草之初，毛泽东就讲："用宪法这样一个根本大法的形式，把人民民主和社会主义原则固定下来，使全国人

---

① 中共中央文献研究室编：《毛泽东文集》第六卷，人民出版社1999年版，第325—326页。

② 中共中央文献研究室编：《毛泽东传（1949—1976）》上，中央文献出版社2004年版，第317页。

③ 中共中央文献研究室编：《毛泽东文集》第六卷，人民出版社1999年版，第326页。

④ 中共中央文献研究室编：《毛泽东文集》第六卷，人民出版社1999年版，第326页。

民有一条清楚的轨道，使全国人民感到有一条清楚的明确的和正确的道路可走。"但"在具体条文上又要体现原则性和灵活性的原则"。①第一，要坚持人民民主和社会主义原则。人民民主原则是毛泽东在《论人民民主专政》深刻阐述的概念，在宪法中则表现为"中华人民共和国一切权力属于人民"，即人民主权，人民群众当家做主。毛泽东指出："我们的民主不是资产阶级的民主，而是人民民主，这就是无产阶级领导的、以工农联盟为基础的人民民主专政。人民民主的原则贯穿在我们整个宪法中。"②另一个是社会主义原则。毛泽东强调："宪法的基本任务，就是要从国家的制度、国家的权力和人民的权利等方面做出正确的适合历史需要的规定，使国家在过渡时期的总任务的完成获有法律上的保证。"③他认为："宪法中规定，一定要完成社会主义改造，实现国家的社会主义工业化。"④第二，要"正确地恰当地结合原则性和灵活性"。毛泽东讲："要实行社会主义原则，是不是在全国范围内一天早晨一切都实行社会主义呢？这样形式上很革

---

① 李林达：《毛泽东在浙江纪实》，中央文献出版社1993年版，第6页。
② 中共中央文献研究室编：《毛泽东文集》第六卷，人民出版社1999年版，第503页。
③ 中共中央文献研究室编：《毛泽东传（1949—1976）》上，中央文献出版社2004年版，第322页。
④ 中共中央文献研究室编：《建国以来毛泽东文稿》第四册，中央文献出版社1990年版，第502页。

命，但是缺乏灵活性，就行不通，就会遭到反对，就会失败。因此，一时办不到的事，必须允许逐步去办。"他还举例说："比如国家资本主义，是讲逐步实行。国家资本主义不是只有公私合营一种形式，而是有各种形式。一个是'逐步'，一个是'各种'。这就是逐步实行各种形式的国家资本主义，以达到社会主义全民所有制。社会主义全民所有制是原则，要达到这个原则就要结合灵活性。灵活性是国家资本主义，并且形式不是一种，而是'各种'，实现不是一天，而是'逐步'。这就灵活了。"①

2.对内容文字的修改推敲

陈伯达曾说："宪法草案的内容，是根据中共中央和毛主席的指示而写成的。中共中央指定了一个宪法起草小组，这个小组，是在毛主席的亲自领导下和亲自参加下进行工作的。宪法草案的每一章、每一节、每一条，毛主席都亲自参加了讨论。"②毛泽东对宪法草案的反复修改和推敲，使宪法更具有科学性、严密性，为后世制宪立法树立了典范。遗憾的是，毛泽东修改宪法草案的原始文献没有完全保留，从现存的16条批语中，足见他在这上面所耗

---

① 中共中央文献研究室编：《建国以来毛泽东文稿》第四册，中央文献出版社1990年版，第503页。

② 中共中央文献研究室编：《毛泽东年谱（1949—1976）》第二卷，中央文献出版社2013年版，第225页。

费的心力。这些批语有的是内容的修改，有的是文字的斟酌。下面兹举几例：①

（1）**关于内容的修改**。宪法草案油印打字稿第五条的"说明"："本条中所说的'资本家所有制'，包括富农在内。"毛泽东在"包括富农在内"旁边画了竖线，并写了"不甚妥？"的批语。他认为富农不包括在"资本家所有制"里面，这一修改不仅澄清了一个政策问题，更是纠正了一个理论认识问题。

第十六条，原文为："中华人民共和国维护人民民主制度，保护全体公民的安全和一切合法权益，镇压一切反革命活动，惩办一切勾结外国帝国主义、背叛祖国、危害人民、破坏人民民主制度和破坏国家建设事业的卖国贼和反革命分子。"他在文中"全体公民"的旁边画了两条竖线，并在上方写了"什么是公民？"的批语。在"勾结外国帝国主义、背叛祖国"的后面画了一个插入号，并在上方写了"举行内乱，推翻政府"8个字。此处增加的内容，使原条款显得更加具体完整。

第三十二条，关于全国人民代表大会行使罢免权的规定，原来该稿并没有规定罢免国家主席的内容，他在这个条文的上方写了"国家主席的罢免"的批语。一届人大一

---

① 以下各条见中共中央文献研究室编：《建国以来毛泽东文稿》第四册，中央文献出版社1990年版，第453—460页。

次会议通过的宪法，增加了相应的内容，并在第二十八条中规定：全国人民代表大会有权罢免中华人民共和国主席、副主席。毛泽东时任国家主席，这一内容的增加使人民民主原则进一步体现，同时也展现毛泽东不怀私心、胸怀坦荡的品格风范。

第三十六条，关于全国人民代表大会常务委员会职权中第四项原文是："通过和发布具有法律效力的决议和条例"，他在审阅此处时，删去了这一款中的"和发布"3个字，并写了如下批语："此处不写'发布'为宜，免与主席职权分歧。"一届全国人大通过的宪法中，这一项职权改为"制定法令"。此处改动，使全国人大常委会的职权更加明晰。

第三十六条，关于全国人民代表大会常务委员会的职权中增加的第十一项"批准和废除同外国缔结的条约"，他在此句旁边写了这样的批语："此条应采纳周鲠生意见。"一届全国人大通过的宪法中，此项职权改写成为"决定同各国缔结的条约的批准和废除"。此处改动，同样使全国人大常委会的职权更加明晰。周鲠生是当时宪法起草委员会顾问，是著名的国家法专家。毛泽东的这一批语，体现了对专家学者的重视，也表现了对各种意见"择善而从"的民主作风。

从现有16条批语看，毛泽东对内容的修改意见，占了大多数（11条），涉及大量实质性问题，甚至还有理论问题。这些批语，对当时宪法草案起草产生了重大影响，重要性不言而喻。同时，透过这些批语，可以从一个侧面了解当时毛泽东对于宪法的思考和见解，对后来研究这段历史的学者来说，这些是必读的文书，具有重要的历史价值。

（2）对文字文序的斟酌打磨。一部好的宪法，内容固然极其重要，但文字文序也发挥十分重要的作用。虽然宪法起草时聘请了专门的语言文字学家在这方面把关，但毛泽东并未因此而放松。从众多批语中，关于文字推敲、文序调整的意见同样不少。

在文字上，序言第二段有句："我国人民在过去几年内已经很有成效地进行了土地改革、抗美援朝、镇压反革命、完成经济恢复等项大规模的斗争。"毛泽东将这句话中的"土地改革"改为"土地制度的改革"；在"镇压反革命"后面加了"分子"两字，并写下这样的批语："土地改革，不成文，应加'制度的'。'镇压反革命'下加'分子'。"这样一改文理就显得通顺了许多。

在文序上，宪法草案第十一条第二款原是："任何个人的私有财产不得用以反对和损害公共利益。"毛泽东对这一款写了"宜单列一条"的批语。一届人大一次会议通过的宪法中，这一款已经单列为宪法总纲第十四条，文字改为："国家禁止任何人利用私有财产破坏公共利益。"

第五十八条的原文为："地方各级人民代表大会和地方各级人民政府在执行其任务时，应经常保持同人民群众的密切联系，广泛吸收人民群众参加和监督国家管理工作，不断地注意对脱离群众的官僚主义现象进行斗争。"毛泽东在这个条文的上方写了"此条似应移至总纲"的批语。一届全国人大通过的宪法中，这一条已写入宪法的总纲，列为第十七条，文字修改成"一切国家机关必须依靠人民群众，经常保持同群众的密切联系，倾听群众的意见，接受群众的监督"。

在毛泽东的严格把关下，宪法草案出来后，一些行家单就宪法语言文字的缜密、明白晓畅这一点就大加赞赏。周鲠生评价道："值得特别一提的是，宪法草案的全部条文都是用白话写成的，宪法文字用白话体，是我国法律文字上一个革命，这就使得宪法文字尽可能大众化，便于广大人民群众的了解和掌握。""作为一个人民的宪法，我们的宪法草案是使用了符合人民要求的文字。"①

在研究毛泽东对宪法草案的批语时，值得注意的一点是，毛泽东的批语意见，并不是都被采纳，也有不被接受的。比如，第七十七条原文为："国家保障公民的居住自由不受侵犯。公民的通讯秘密受法律的保护。"此款另一

---

① 全国人大常委会办公厅联络局编：《中华人民共和国宪法及有关资料汇编》，中国民主法制出版社1990年版，第216页。

方案是将"通讯秘密"改为"通讯自由"。毛泽东在"通讯自由"旁画了一条竖线,批了"较妥"两字。一届人大一次会议通过的宪法第九十条规定仍为:"中华人民共和国公民的住宅不受侵犯,通讯秘密受法律的保护。"第八十条原文为:"中华人民共和国公民有言论、出版、集会、结社、游行、示威和信仰宗教自由的权利。"毛泽东在其中"游行、示威"旁画了两条竖线,打了一个问号,并批了"不写为好"4个字。一届人大一次会议通过的宪法中,仍然规定公民有游行、示威的自由。

毛泽东曾说:"我们党是为人民服务的,不论谁提出的意见,只要对人民有好处,我们就照办。"[1]这种虚心纳谏的作风,也自始至终贯穿在宪法起草全过程。宪法制定时,对各方汇集起来的意见,合适的就采纳,不合宜的就不采纳,即使对毛泽东的意见,不见得一字动不得,也不一定会被采纳。他本人对此也能大度接受,服从多数。如他还说:"搞宪法就是搞科学。"[2]宪法草案就是用科学方法,采取科学的态度,在按科学办事的氛围下制定出来的,不以人的地位高低来判断意见是否正确、决定意见是否被采纳,处处散发着科学民主、谦虚谨慎的空气。

---

① 陈喜庆主编:《中共中央在延安十三年资料(17):与各民主党派和著名爱国人士合作共事》,中央文献出版社2016版,第415页。
② 《毛泽东著作选读》下册,人民出版社1986年版,第713页。

四、勤政殿详说宪法草案（初稿）

1953年3月23日，在中南海勤政殿，毛泽东主持召开了中华人民共和国宪法起草委员会第一次全体会议。会上，毛泽东代表中共中央提交了《中华人民共和国宪法草案（初稿）》，陈伯达做了《关于〈中华人民共和国宪法草案（初稿）〉起草工作的说明》的报告。[①]报告期间，毛泽东多次插话，对宪法草案（初稿）做了进一步补充说明。

报告的第一部分，谈了宪法草案（初稿）的起草情况。毛泽东插话道："宪法起草小组白一月七日开始工作，三月九日工作结束。起草小组进行了一度工作后，由董必武、彭真、张际春等同志组成了研究小组，还请了周鲠生先生和钱端升先生为法律顾问，叶圣陶先生和吕叔湘先生为语文顾问，又搞了个把月，同时中共中央也讨论了三次，每次都有很多修改。"[②]

报告的第二部分，谈了宪法草案的工作方向。当谈到宪法草案必须根据国家性质和经济关系，充分表达我国逐

①　中共中央文献研究室编：《毛泽东年谱（1949—1976）》第二卷，中央文献出版社2013年版，第227页。
②　中共中央文献研究室编：《毛泽东年谱（1949—1976）》第二卷，中央文献出版社2013年版，第227—228页。

步过渡到社会主义社会这一根本要求时，毛泽东说："这个宪法，是以共同纲领为基础加上总路线，是过渡时期的宪法，大概可以管十五年左右。"①

报告的第三部分，谈了"宪法草案以共同纲领为基础，同时是它的发展"。②当谈到《共同纲领》中的一些根本原则在宪法草案中被肯定下来，《共同纲领》中有些已经过了时的东西没有再写进宪法时，毛泽东说："如土地改革；又如镇压反革命，虽然现在还有反革命分子，但是很大一部分已经镇压过了。"

当谈到宪法草案不仅采用了《共同纲领》规定的各项根本原则，而且还吸取了新中国成立以来各项重要法令中的一些原则时，毛泽东说："例如国家建设征用土地办法，共同纲领上就没有。"③

报告的第四部分，谈了"宪法草案反映了我们国家过渡时期的特点"④。当谈到保护各种所有制时，毛泽东说："宪法草案上有个其他个体劳动者，这是指：摊贩、

① 中共中央文献研究室编：《毛泽东年谱（1949—1976）》第二卷，中央文献出版社2013年版，第228页。
② 《关于〈中华人民共和国宪法草案（初稿）〉起草工作的说明》（内部资料），1954年3月23日，第1页。
③ 毛泽东：《在宪法起草委员会第一次会议上的插话（节录）》（一九五四年三月二十三日），《党的文献》，1997年第1期。
④ 《关于〈中华人民共和国宪法草案（初稿）〉起草工作的说明》（内部资料），1954年3月23日，第2页。

夫妻商店、船夫、戏班子等等，他们既是劳动者，也是私有者。比如梅兰芳，他也是劳动者，他的戏班子又是他个人的。"

当谈到个体经济像个汪洋大海，把它们变为集体所有制很复杂很困难时，毛泽东说："最困难。改造资本主义困难，比较说来，改造个体农业、手工业更困难。""人多，分散，一万万一千万户农民，就有一万万一千万个单位，我们要指挥这么多单位好困难啊！征粮、购粮，是一万万一千万个单位，怎么得了？"①

当谈到采用过渡形式，逐步改造农业、手工业和资本主义工商业，向社会主义过渡时，毛泽东说："我们的宪法，是过渡时期的宪法。我国的各种办法，大部分是过渡性质的。""人民的权利，如劳动权、受教育权等等，是逐步保证，不能一下子保证。现在有人进不了学校，就打学校；说，什么人民政府！不让我进学校，我就打你。没有那么多的学校，怎能都进呢？"他还举例说："我们的选举，也是过渡性质的选举。普遍，算是普遍了，但也有限制，地主没有选举权，不完全普遍；平等，城市选的代表多，乡村选的代表少，如完全按人数平等选举，那人民代表大会就几乎成了农民代表大会，工人就变成了尾数；

① 毛泽东：《在宪法起草委员会第一次会议上的插话（节录）》（一九五四年三月二十三日），《党的文献》，1997年第1期。

直接，我们只有基层选举是直接的，其余都是间接的；无记名，我们一般是举手，还是有记名。总之，我们的办法不那么彻底，因为是过渡时期。"①

报告的第五部分，谈了"宪法草案规定的国家政治制度，与苏联以及各人民民主国家的政治是同属于社会主义类型的"②。

当谈到全国人民代表大会同国家主席与国务院总理的关系时，毛泽东说："我们的主席、总理，都是由全国人民代表大会产生出来的，一定要服从全国人民代表大会，不能跳出'如来佛'的手掌。资本主义国家名义上是议会选出政府，通过法律，实际上议会是政府的附属品。"他还说："苏联叫最高苏维埃，我们叫全国人民代表大会；苏联叫最高苏维埃主席团，我们叫全国人民代表大会常务委员会；苏联叫部长会议，我们叫国务院。我们就是多个主席。有个议长，还有个主席，叠床架屋，这个办法可以不可以？"

当谈到中央的统一领导和各地方、各民族的积极性可以相结合，这一点和苏联、各人民民主国家一样时，毛泽

① 中共中央文献研究室编：《毛泽东年谱（1949—1976）》第二卷，中央文献出版社2013年版，第228页。
② 《关于〈中华人民共和国宪法草案（初稿）〉起草工作的说明》（内部资料），1954年3月23日，第3页。

东说：“中央议事，地方办事，和专制时代不同。”①

当谈到我们的国家主席与资本主义国家的总统不同，资本主义国家的总统与国会的对立关系时，毛泽东说：“资本主义国家的总统可以解散国会。我们的主席不能解散全国人民代表大会，相反地，全国人民代表大会倒可罢免主席。”

当谈到我们的国家实行集体领导，而以个人形式来表现时，毛泽东说：“主席也不是政府，国务院不向他报告工作。打屁股打国务院总理，不打主席。”关于主席的职权，他说：“草案第四十条第五款规定，担任国防委员会主席，而国务院又有国防部，我们还是叠床架屋，这是从国务院分了一点工作。第六款规定，在必要的时候召开最高国务会议。议什么事没有讲，总之不能违反全国人民代表大会。”②

当谈到根据我国经验，设个主席有好处时，毛泽东说：“我们中国是一个大国，叠床架屋地设个主席，目的是为着使国家更加安全。有议长，有总理，又有个主席，就更安全些，不至于三个地方同时都出毛病。”“如果全国人民代表大会出了毛病，那毫无办法，只好等四年再

---

① 毛泽东：《在宪法起草委员会第一次会议上的插话（节录）》（一九五四年三月二十三日），《党的文献》，1997年第1期。

② 毛泽东：《在宪法起草委员会第一次会议上的插话（节录）》（一九五四年三月二十三日），《党的文献》，1997年第1期。

说。设主席，在国务院与全国人大常务委员会之间有个缓冲作用。"①

当谈到国务院是全国人民代表大会的执行机关，这和各社会主义国家的规定属同一类型，但有一些差别时，毛泽东说："中央各部、各委员会列不列？我们没有列，苏联一九一八年的宪法也没有列。不列，伸缩性大。部、委员会可能经常变动，或增或减，如果列了，变动一次，就要修改一次宪法，这样，宪法就要年年修改了。"②

报告的第六部分，谈了"宪法保证公民的各种权利，同时规定了逐步扩大物质保证的措施"③。当谈到人民代表受选民监督，下级人民代表大会服从上级人民代表大会，下级人民政府服从上级人民政府时，毛泽东说："这里是母亲服从儿子。省、市人民代表大会产生全国人民代表大会的代表，但全国人民代表大会议出来的东西全国四十四个省、市都要服从。""假若某一个省人民代表大会议出的东西不对，全国人民代表大会可以把它撤销。"④

---

① 中共中央文献研究室编：《毛泽东年谱（1949—1976）》第二卷，中央文献出版社2013年版，第229页。

② 毛泽东：《在宪法起草委员会第一次会议上的插话（节录）》（一九五四年三月二十三日），《党的文献》，1997年第1期。

③ 《关于〈中华人民共和国宪法草案（初稿）〉起草工作的说明》（内部资料），1954年3月23日，第3页。

④ 毛泽东：《在宪法起草委员会第一次会议上的插话（节录）》（一九五四年三月二十三日），《党的文献》，1997年第1期。

报告的第七部分，谈了"宪法草案保证国内各民族在平等的基础上友好、互助、合作"①。当谈到中国是一个多民族的国家，民族之间过去有矛盾时，毛泽东说："所谓矛盾，主要是大民族压迫小民族。古代也有小民族压迫大民族的，如元朝蒙古人压迫汉人，如五胡十六国等等。但到后来就不同了，清朝是利用汉族压迫少数民族。到国民党时期，就更不同了。"

当谈到民族自治机关都在宪法和法律规定的权限内行使自治权时，毛泽东说："为了照顾少数民族特别是西藏的情况，在草案第六十一条中写了第三款，即：'各民族自治地方的自治机关的具体形式，按照实行区域自治的民族大多数人民的意愿规定'。"

报告的第八部分，谈了"宪法草案的结构"。当谈到宪法第二章为国家系统，包括全国人民代表大会、中华人民共和国主席、国务院、国家权力的地方机关、民族自治机关、法院和检察机关6节，毛泽东说："有人主张把第二章的六节变成六章。宪法起草小组考虑把这六部分列在一章，加个总题目叫国家组织系统，很清楚。如分列为六章，好像有些头绪纷繁。宪法可以随时修改，苏联增加一个部，减少一个部，都要修改宪法。"

---

① 《关于〈中华人民共和国宪法草案（初稿）〉起草工作的说明》（内部资料），1954年3月23日，第3页。

当谈到宪法草案文字尽量通俗，以便群众了解和掌握时，毛泽东说："把什么什么'时'都改为'的时候'。讲话一般不说'我们在讨论宪法时'，而说'我们在讨论宪法的时候'。'为'字老百姓不懂，都改成了'是'字。什么什么'规定之'，'之'字在一句话的末尾，只是重复了上面的，毫无用处，也都去掉了。也许还有改得不彻底的地方，还可以改。"①

陈伯达《宪法草案（初稿）说明》的报告，是代表宪法起草小组做的，毛泽东对这个报告曾进行过多次审阅和修改②，其实是表述了他的思考和意见。毛泽东的多次插话，又进行了补充和深化，从而将宪法草案（初稿）的内容、原则、精神说得更明白，点得更透彻。随后，宪法起草委员会经过审议，通过了陈伯达所做的报告，并决定在最近两个月内完成对宪法草案（初稿）的讨论和修正。至此，宪法制定工作，由起草阶段进入审议修改阶段。

① 毛泽东：《在宪法起草委员会第一次会议上的插话（节录）》（一九五四年三月二十三日），《党的文献》，1997年第1期。
② 中共中央文献研究室编：《毛泽东年谱（1949—1976）》第二卷，中央文献出版社2013年版，第224页。

第四章 审议：“从上而下，又从下而上”地反复推敲

从1954年3月宪法草案（初稿）形成，到9月15日正式提交全国人大审议，半年左右的时间，宪法草案经历反复的讨论和修改，从上而下，又从下而上，吸收各方面意见，甚至“对一个字，一个标点符号，都经过多少人反复推敲过多少遍”[①]。在这个过程中，既把领导者的经验和广大人民群众的经验相结合，又把中国的经验和苏联及其他人民民主国家的经验相结合。

一、八千人宪法大讨论

1954年3月23日，宪法起草委员会第一次会议决定："讨论除由宪法起草委员会全体会议进行外，并会

---

① 《在第一届全国人民代表大会第一次会议上 代表们关于宪法草案和报告的发言》，《人民日报》，1954年9月17日，第2版。

同政协全国委员会分组讨论，同时分发各大行政区、各
省市的领导机关和各民主党派、各人民团体的地方组织
讨论。"①从3月29日至5月29日，政协全国委员会和各大
区、省、市纷纷召开座谈会，讨论宪法草案（初稿），共
有近8000人参加了讨论，被称为"八千人宪法大讨论"。

1.全国政协宪法草案座谈会的讨论

在宪法制定过程中，第一届全国政协委员会扮演了重
要角色，积极参与了宪法起草的讨论与协商工作。在宪法
草案公布以前，从1954年3月到8月，政协第一届全国委员
会的政法、财经、文教、外交、民族、华侨、宗教7个工
作组分别就各方面的大政方针在宪法中应做如何规定的问
题，进行了多次讨论。②

3月15日，在中共中央政治局扩大会议讨论通过宪法
草案（初稿）"四读稿"的同时，周恩来和董必武邀请
宪法起草委员会中非中共的委员，共同研究宪法草案（初
稿）。

3月16日，政协第一届全国委员会常务委员会召开了
第五十三次会议，专门研究组织讨论宪法草案（初稿）

---

① 中共中央文献研究室编：《毛泽东年谱（1949—1976）》第二卷，中央
文献出版社2013年版，第230页。

② 全国政协研究室编：《中国人民政协全书》上卷，中国文史出版社1999
年版，第901页。

的准备工作,会议修正通过分组座谈宪法问题的名单(草案),决定邀请各民主党派、无党派人士、各人民团体的负责人等社会各界代表,组成了17个小组,讨论宪法草案(初稿)。①根据安排,17个小组在编排时,"采取党员和非党人士混合编组,各小组每周开会三次,准备共开十八次,大约可于五月中旬讨论完毕"②。

座谈小组的活动程序是:(1)由各小组召集人召开小组会议,对宪法草案(初稿)的内容进行讨论;(2)由各小组召集人组成召集人联席会议,在秘书长李维汉的主持下对各小组提出的问题进行研究;(3)小组召集人联席会议最后,汇总、分析和整理联席会议的讨论情况,形成对宪法草案(初稿)的修改意见,报宪法起草委员会,并把有争论的问题提交给宪法起草委员会会议讨论决定。③

3月23日,董必武主持召开了参加分组座谈会的党员大会,并解释了党员和非党人士混合编组的原因:一是为了党员在分组讨论中要发动大家讲话,二是有利于党听取各方面的意见。他说:"这次大家参加分组座谈会,是要大家与非党人士共同讨论,共同发表意见,不是要我们去

---

① 全国政协研究室编:《中国人民政协全书》上卷,中国文史出版社1999年版,第901页。

② 中央档案馆、中共中央文献研究室编:《中共中央文件选集(1949年10月—1966年5月)》第十五册,人民出版社2013年版,第518页。

③ 秦立海:《从〈共同纲领〉到"五四宪法"——1949—1954年的中国政治》,人民出版社2017年版,第234页。

领导他们，只要我们发动大家讲话，就会有各种意见。对各种不同意见，我们要学会分析什么是正确的，什么是错误的，这对我们自己是一个锻炼。"①董必武这时特别召集党员干部做这样的说明，不仅对汇集关于宪法草案（初稿）的意见是必要的，同时对提高党员干部的民主意识也是有意义的。

全国政协宪法座谈会从3月29日开始，第一次座谈会共出席407人，第二次座谈会各组共出席394人，这两次座谈会对宪法草案（初稿）进行了总体讨论。第三次座谈会各组共出席385人，主要讨论宪法草案（初稿）的序言部分。第四次座谈会各组共出席377人，第五次座谈会各组共出席368人，这两次会议对宪法草案（初稿）总纲部分进行了讨论。第六、七、八次座谈会对宪法草案（初稿）第二章第一节"全国人民代表大会"进行了讨论，出席这3次座谈会的人数分别为362人、350人、340人。第九次座谈会各组对宪法草案（初稿）第二章第二节"中华人民共和国主席"进行了讨论，除两个组外，共出席327人。第十、十一次座谈会对宪法草案（初稿）第二章第三节"国务院"进行了讨论，出席会议的人数分别为347人、345人。此后，17个组中有三分之二以上的组召开了第十二、

---

① 董必武年谱编辑组编：《董必武年谱》，中央文献出版社1991年版，第431—432页。

十三次座谈会，对宪法草案（初稿）第二章第四节"国家权力的地方机关"进行了讨论，提出了修正意见，参加讨论的人数分别占总人数的64.9%和69.8%。4月下旬各组分别召开第十四次座谈会，讨论宪法草案（初稿）第二章第五节"民族自治机关"①。

截至5月5日，有5个组完成了全部宪法草案（初稿）的讨论。在近40天的讨论中，参加者起初504人，以后增加到509人。②共开会260次，平均每组开会15次，最多者达20多次。各组发言热烈、认真，提出的意见和疑问除重复者外，达3900多条。③

5月6日到5月22日，举行召集人联席会议，参加会议的有各组召集人、副召集人、秘书长、副秘书长、顾问等。召集人联席会议是在宪法起草委员会讨论以前和在分组讨论宪法草案（初稿）的基础上召开的，主要是对各小组所提的一些重要的、原则性的问题和意见进行反复讨论、研究，然后，将基本上一致的重要意见提交宪法起草委员会，为讨论修改宪法提供正确的参考意见。会议对宪法草案进行了逐章逐节的讨论，整理出了《宪法草案座

①　韩延龙：《中华人民共和国法制通史》，中共中央党校出版社1998年版，第192—193页。

②　董必武年谱编辑组编：《董必武年谱》，中央文献出版社1991年版，第431页。

③　汤应武主编：《中国共产党重大史实考证》第三卷，中国档案出版社2001年版，第1626页。

谈会各组召集人联席会议对于〈中华人民共和国宪法草案（初稿）〉的修改意见》。

2.地方单位与军事单位对宪法草案（初稿）的讨论

根据宪法起草委员会第一次全体会议安排，除政协全国委员会分组讨论外，同时分发各大行政区、各省市的领导机关等地方组织讨论。为了在全国范围内开展宪法讨论，1954年3月25日，中共中央发出了《关于讨论中华人民共和国宪法草案初稿的通知》（以下简称《通知》），要求"在四、五两月内同时在各大行政区、中央直辖市、内蒙古自治区、省、大行政区辖市以及人口在五十万以上的市的领导机关和各民主党派、各人民团体内进行"[1]。

为了加强对这个讨论的领导和组织，中共中央还特地要求各地注意几个问题："各地可设立一吸收各方面人士参加的组织宪草初稿讨论的机构，将参加讨论的人（人数要适当，不可太少）分别编为若干组。""在讨论中要给参加讨论的人以充分发言的机会，对宪草初稿的内容、结构直到文字的不分巨细的意见和应作如何修改的意见都可提出。""各地的组织宪草初稿讨论的机构应指定一个有

相当能力的人员，配以若干助手，负责将讨论中的意见整理汇集，在每次会议后的一天内用长途电话通报北京中华人民共和国宪法起草委员会办公室。"①

根据中共中央的《通知》要求，各级地方党委认真组织了对宪法草案（初稿）的讨论，各大行政区、中央直辖市、内蒙古自治区、省、50万以上人口的省辖市，广泛地进行了对宪法草案（初稿）的热烈讨论，参加者达7000多人，提出意见和疑问2900多条。②与此同时，中国人民革命军事委员会、中国人民解放军、中国人民志愿军也成立了18个单位，积极进行了讨论。

地方单位和军事单位，提出的意见主要分为3个部分：一是一般性修改意见。如有的单位提出，把宪法命名为"毛泽东宪法"或"中华人民共和国过渡时期宪法草案"。有的单位提出，调整宪法结构，即第一章总纲改为社会结构，第二章国家结构，第三章全国人民代表大会，第四章中华人民共和国主席，第五章国务院，第六章检察院，第七章国家权力的地方机构，第八章公民权利与义务，第九章国旗、国徽。有的单位认为，宪法内容上要增加"中国共产党为我国劳动群众所有一切社会团体及国家

---

① 中央档案馆、中共中央文献研究室编：《中共中央文件选集（1949年10月—1966年5月）》第十五册，人民出版社2013年版，第518页。

② 汤应武主编：《中国共产党重大史实考证》第三卷，中国档案出版社2001年版，第1626页。

机关的领导核心"等。二是对具体条文的意见。如有的单位提出，要增加"中华人民共和国领土是神圣不可侵犯"的内容。有的单位建议增加规定"中华人民共和国主席是中华人民共和国人民的最高领袖"等。三是讨论中的一些疑问和问题，如"为什么没有提到党和国家的关系""人民共和国和人民民主共和国、民主共和国、民主主义人民共和国有什么区别""统一战线在过渡时期如何发挥作用"，等等。①

从4月初到6月11日，这些修改意见通过电话或书面报告的形式都及时反映给了宪法起草委员会办公室。在这两个月期间，宪法起草委员会办公室工作极为忙碌，他们将从各地收集、反映上来的意见做了整理和研究，并编辑完成了《宪法草案初稿意见汇编》。

虽然这一阶段的宪法讨论，只是在全国政协、地方单位和军事的领导机关中进行，原则上属于内部讨论，但人员涉及广泛，先后有8000多人参与讨论，提出意见经过整理后共6000多条。两个多月的讨论，不仅提供了许多有价值的意见，还为宪法起草委员会下一阶段的宪法草案修改工作做了准备，同时也为全面大讨论积累了经验。更为重要的是，通过这次讨论，"实际上把中共中

---

① 韩大元编著：《1954年宪法与中国宪政》，武汉大学出版社2004年版，第113—115页。

央关于宪法草案的建议变为各民主党派、各人民团体、各界人士领导人的共同建议"①，奠定了宪法草案在整个社会的共识基础。

此外，刘少奇曾说：宪法草案制定过程中，以苏联为首的社会主义先进国家的经验，"对我们有很大帮助"②。这个"很大帮助"不仅是宪法草案"参考了苏联和各人民民主国家宪法中好的东西"，更在于苏联方面直接参与了宪法草案的审议和修改。

1954年3月至4月，苏联高层、苏联驻华法律专家针对宪法草案（初稿）中的序言、草案结构、个别条款等方面提出了具体意见。对于苏联的建议，中方并不是全盘接受，而是根据中国的实际情况坚持己见。同时，苏方意识到：中国"有自己的许多特点"③。因此，中共领导人在宪法制定过程中，不是简单的"拿来主义"，搬抄苏联的宪法，而是如毛泽东多次所强调的"是以自己经验为主"。④

---

① 董成美：《制定我国1954年宪法若干历史情况的回忆》，《法学》，2000年第5期。

② 《刘少奇选集》下卷，人民出版社1985年版，第145页。

③ 沈志华主编：《俄罗斯解密档案选编：中苏关系》第五卷，东方出版中心2015年版，第56、51页。

④ 中共中央文献研究室编：《毛泽东文集》第六卷，人民出版社1999年版，第326页。

二、对宪法草案"反复研究，不厌其详"

1954年3月23日，宪法起草委员会第一次全体会议决定："在最近两个月内完成对宪法草案初稿的讨论和修正。"①但直到5月底，宪法起草委员会才召开第二次全体会议，进入宪法草案审议程序。审议安排的变化，主要是考虑到宪法起草委员会审议草案，需要参考苏联的意见反馈和全国政协、各省市党政机关、军队领导机关，以及各民主党派和人民团体的地方组织对宪法草案的修改意见，以保证审议的质量和效果。

1.宪法起草委员会"五审五议"草案

1954年5月27日至6月8日，在中南海勤政殿，刘少奇连续主持召开5次宪法起草委员会全体会议，对宪法草案（初稿）逐章逐节地进行了讨论审议，形成了宪法草案修正稿。

5月27日，宪法起草委员会召开第二次全体会议，讨论宪法草案（初稿）序言和第一章总纲。主要结论有：第一，关于宪法结构问题。有意见主张"把第二章的六节

---

① 中共中央文献研究室编：《毛泽东年谱（1949—1976）》第二卷，中央文献出版社2013年版，第230页。

分成为六章"，形式上更好看。会上讨论结果，保持原状不变。第二，关于疆域问题。会议同意疆域可以不必在宪法里写。第三，关于公民的概念问题。会议通过邓小平提出的"把全体人民改写为全体公民为好"。第四，关于实行民主集中制的写法问题。会议通过邓小平建议，将其表述为"全国人民代表大会、地方各级人民代表大会和其他一切国家机关，一律实行民主集中制"。第五，关于个人财产。通过草案第十二条"国家依法保护公民私有财产的继承权"的表述。第六，关于贸易问题。会议决定删除草案第十五条"国家实行对外贸易的统制和国内贸易的管理"。第七，关于教科文问题。会议决定保留草案第十六条"国家指导文化教育事业的发展，鼓励科学的发展和发明，以适应国家建设和人民的需要"。

5月28日，宪法起草委员会召开第三次全体会议，讨论宪法草案（初稿）第二章的第一节至第四节，即"全国人民代表大会""中华人民共和国主席""国务院""地方各级人民代表大会和地方各级人民政府"。主要结论有：第一，关于中央人民政府改称国务院。会议决定草案第四十九条修改为"中华人民共和国国务院是中华人民共和国政府，是国家最高权力机关的执行机关，是国家最高行政机关"。第二，关于全国人大代表任期届满的换届选举。大会决定把草案中的选举时间"任期满了的两个月以前"改为"任期终了的一个月以前"。第三，关于全国人大常委会制定法令的职权问题。会议决定将草案中第二十八条第四项"改变或撤销全国人民代表大会常务委员会制定的法令"，放到全国人民代表大会的职权里，以"显示大会在常务委员会之上"。第四，一些用词的问题。会议决定草案中第三十七条"质问和询问"改为"质询"，"任期满了"改为"任期终了"或者"任满""任期届满"。

5月29日，宪法起草委员会第四次全体会议，讨论宪法草案（初稿）第二章第五节"民族自治地方的自治机关"、第六节"人民法院和检察院"、第三章"公民的基本权利和义务"。主要结论有：第一，关于民族自治地方的自治机关。会议原则上通过新的调整，即草案中"第66条，规定哪些地方设立自治机关；第67条，规定自治机关的组织和工作；第68条，规定代表的名额；第69条，规定一般职权；第70条，规定自治权；第71条，规定的也是自治权，可制定自治条例和单行条例；第72条，规定使用的语言文字；第73条，规定上级国家机关应保障它们行使自治权"。第二，关于人民法院。会议决定草案中第六十七条"最高人民法院和地方各级人民法院院长、副院长任期四年"，"副院长"删去。草案第六十九条修正为"被告人有权获得辩护"。草案第七十条修正为"各民族都有使用本民族语言文字进行诉讼的权利"。第三，关于公民的基本权利与义务的讨论。草案第八十二条改为"中华人民共和国公民的住宅不受侵犯，通信秘密受法律的保护，中华人民共和国有居住和迁徙的自由"。

5月31日，宪法起草委员会召开第五次全体会议，讨论宪法草案（初稿）第二章第四节"地方各级人民代表大会和地方各级人民委员会"和第三章"公民的基本权利和义务"等部分的修改。主要结论有：第一，关于第二章的内容。会议决定第五十三条修改为"各部部长和各委员会主任发布命令和指示"。第二，关于公民的基本权利与义务的讨论。草案第九十二条"劳动权的规定"，改为"国家通过国民经济有计划的发展，逐步扩大劳动就业，改善劳动条件和工资待遇，以保证公民享受这种权利"。第三，关于第四章"国旗、国徽、首都"的讨论。将国徽的规定确定为："中华人民共和国国徽，中间是五星照耀下的天安门，周围是谷穗和齿轮。"

6月8日，宪法起草委员会召开第六次全体会议，对宪法草案（初稿）再次进行了逐章逐节通读，并对若干条文重新开展讨论。主要结论有：草案第二十五条，关于全国人民代表大会"开会一次"，表述为"全国人民代表大会会议每年举行一次"。草案第四十四条第二款，修改为"中华人民共和国副主席的选举和任期适用宪法第三十九条关于中华人民共和国主席选举和任期的规定"。①

　　经过多番讨论，宪法起草委员会经过6次全体会议最终形成了宪法草案修正稿。会议结束时，刘少奇说："这个草案，就初步确定了，另外再由李秘书长（李维汉）和专门小组全盘考虑一下。"②6月9日，毛泽东审阅了宪法草案修正稿，并致信刘少奇、李维汉："此件可即印发有关各人（宪法起草委员、中央人民政府委员），并要他们于六月十一日带到会场。"③

2.宪法起草委员会第七次全体会议

　　1954年6月11日，在中南海勤政殿，毛泽东主持召开了宪法起草委员会第七次全体会议，除宪法起草委员会委员外，中央人民政府委员会委员、宪法起草委员会顾问及办公室负责人列席了会议。会议议程是讨论、通过中华人民共和国宪法草案及准备送审中央人民政府委员会审议的《中华人民共和国宪法起草委员会关于宪法起草工作经过的报告》。

　　会议开始前，毛泽东就宪法制定的下阶段工作，做了

---

　　①　宪法起草委员会第二次会议至第六次会议记录，参见韩大元编著：《1954年宪法与中国宪政》，武汉大学出版社2004年版，第175—206页。

　　②　许崇德：《中华人民共和国宪法史》上卷，福建人民出版社2005年版，第124—138页。

　　③　中共中央文献研究室编：《建国以来毛泽东文稿》第四册，中央文献出版社1990年版，第499页。

简短说明。他说："宪法起草委员会已经开了六次会议，今天是第七次会议，也可说是中央人民政府委员会开会前的最后一次会议。""宪法起草委员会应当把它所做的工作向中央人民政府委员会报告，并把这个宪法修正稿作为草案批准公布，在全国人民中间进行讨论，收集意见。那时，起草委员会还要做工作。""宪法草案公布以后，估计意见不会很多，但是尽管意见不多，总还会有些意见。在向全国人民代表大会作报告以前，宪法起草委员会还要开会，同时要准备一个向全国人民代表大会的报告。""因为宪法是起草委员会起草的，收集了意见后，还要修改；修改成了最后稿，还要向全国人民代表大会作报告。全国人民代表大会则要根据这个报告进行讨论，这是它职权范围内的事。"毛泽东还说："今天的会议是对宪法草案的全部条文作最后的审查。虽然大家对条文都很熟悉了，但是今天要表决通过，为了慎重起见，还是把它读一遍吧。"

随后齐燕铭宣读了中华人民共和国宪法草案全文。李维汉对宪法草案的修改情况做了说明："第二章第四节的第五十三条第三款，第五十四条第二款，第五节的第六十七条、六十八条、六十九条、七十条、七十一条、七十二条和第三章的第一百条都有一些修改。"毛泽东和与会人员对需要修改的章节进行了讨论。

在讨论即将结束时，毛泽东对宪法起草工作做了简要回顾。他说："宪法的起草，前后差不多七个月。最初第一个稿子是在去年十一、十二月间，那是陈伯达同志一个人写的。第二稿，是在西湖，花了两个月时间，那是一个小组写的。第三稿是在北京，就是中共中央提出的宪法草案初稿，到现在又修改了许多。每一稿本身都有许多修改。西湖那一稿，就有七八次稿子。前后总算起来，恐怕有一二十个稿子了。""总之，我们是反复研究，不厌其详。"

会议的最后程序是进行表决。毛泽东说："如果大家没有意见，就付表决。赞成这个宪法草案全文和今天的修改的，请举手。"表决结果是，全体一致通过了宪法草案修正稿。此外，会议还表决通过了《中华人民共和国宪法起草委员会关于宪法起草工作经过的报告》。全文如下：

中华人民共和国宪法起草委员会根据中国共产党中央委员会提出的"中华人民共和国宪法草案（初稿）"进行起草工作，从三月二十三日至六月十一日，历时八十一天，除开过收集和交换意见的非正式会议多次外，共开正式会七次，经过详细的周密的研究和讨论，通过了"中华人民共和国宪法草案"。在起草工作进行期间，中国人民政治协商会议全国委员会以及各大行政区、各省市的领导机关，各民主党派、各人民团体的地方组织和武装部队的领导机关，组织了各方面人士八千余人参加对“中华人民共和国宪法草案（初稿）”的讨论，在讨论中提出的修改意见共计五千九百余条，这些意见中有许多是合用的，对于起草工作给了重大的帮助。起草委员会所通过的“中华人民共和国宪法草案”内分“序言”、“总纲”、“国家机构”、“公民的基本权利和义务”、“国旗、国徽、首都”五个部分；除“序言”部分外，共计条文一百零六条。这个“中华人民共和国宪法草案”，我们认为是适当的。现在把这个草案提请中央人民政府委员会审查通过，并请在通过后予以公布，在全国人民中组织讨论，以便收集意见，再作修改，向第一届第一次全国人民代表大会提出关于宪法草案的报告。①

至此，经过宪法起草小组杭州起草，全国政协、地方单位和军事单位的讨论，苏联提供的修改意见，宪法起草委员会的7次全体会议，形成了正式的宪法草案。宪法起草过程中，中共中央的宪法起草小组实质承担了起草任务，宪法起草委员会承担了审议任务，毛泽东既是宪法起

---

① 《宪法起草委员会第七次会议讨论通过宪法草案记录》，《党的文献》，1997年第1期。

草小组组长，又是宪法起草委员会主席，这一程序安排既体现了执政党的领导地位，又反映出多党合作的共商国是的协商民主精神。

三、"这个宪法草案，看样子是得人心的"

1954年6月14日，中央人民政府委员会举行第三十次会议，会议议程是审议中华人民共和国宪法草案，通过《中华人民共和国宪法草案》，通过关于公布中华人民共和国宪法草案的决议。出席这次会议的有中央人民政府主席毛泽东，副主席朱德、刘少奇、宋庆龄、李济深、张澜，以及中央人民政府委员会委员陈毅等46人。列席这次会议的有中华人民共和国宪法起草委员会委员，中国人民政治协商会议全国委员会在京委员，中央人民政府政务院政务委员和所属各委、部、会、院、署、行的负责人，中央人民政府人民革命军事委员会委员和中国人民解放军各兵种部队的指挥员，最高人民法院和最高人民检察署负责人，国家计划委员会委员，各人民团体的负责人，各大区行政委员会在京负责人，北京、天津两市市长、副市长以及少数民族代表等共200余人。①

---

① 《中央人民政府委员会举行第三十次会议 通过并公布中华人民共和国宪法草案》，《人民日报》，1954年6月15日，第1版。

1.关于宪法草案的讨论发言

会议在表决《中华人民共和国宪法草案》之前，对宪法草案进行了广泛讨论。李济深、宋庆龄、张澜、黄炎培、张难先、马叙伦、乌兰夫、何香凝、陈叔通、赛福鼎、程潜、傅作义、章伯钧、朱学范、陈嘉庚、章蕴、张治中、胡耀邦、李四光、陈其尤、许德珩21人先后发言。

从这些发言中可以看出：宪法草案获得了广泛的拥护和支持，与会者从不同层面给予了宪法草案高度评价和认可。比如，宋庆龄在发言中说："现在通过我们国家四年多的事实，总结各方面的宝贵经验来制定一个建成社会主义的宪法，这是空前的、伟大的、非常光荣的一件大事。""宪法草案初稿在几个月中，曾经过八千余人的讨论和修改，并将要再经过全国人民的学习和讨论。这是充分地发扬了民主制度。况且每一字句都经过千锤百炼，每一条文都通过事实考验，我们的宪法将成为每一个公民自己的公约般的条文。"

张澜总结了中国近代人民追求宪法的历史时说："中国人民要求立宪行宪已经有五六十年了。但是从来不曾有过真正民主的宪法。从满清到国民党反动政府，所谓宪法，都是由少数人钦定的，只是为了巩固反动政权，维护少数人利益，和大多数人民毫不相干。只有现在我们的宪法草案，才是真正按照国家的需要，保证人民应享受的权利来制定的，是符合中国当前实际情况和全国人民共同愿望的。"

李济深从宪法实施的积极作用说：宪法"规定了由选民产生、受选民监督、立法权与行政权统一的人民代表大会制，规定了公民的各种权利和逐步扩大物质保证的措施，从各方面为实现国家过渡时期总任务提供了保证"，"必将大大提高人民群众的积极性和创造性，把我国人民的民主生活更向前推进一步"。[①]

黄炎培在发言中提出："这部宪法，将是中国自有历史以来第一部人民的宪法。"他从具体宪法条文中，分析了"称这部宪法，为人民的宪法"的理由。他认为："国家权力从那里产生的呢？是全国人民。从那里体现出来的呢？是全国人民代表大会。'全国人民代表大会是最高国家权力机关'，'是行使国家立法权的唯一机关'。再比如，这部宪法草案'很亲切地充分照顾了少数民族的特点'，第六十七条明确地写着：'自治机关的形式可以按照实行区域自治的民族大多数人民的意愿规定'。"

乌兰夫从宪法草案对民族团结的积极作用说，保证"全国各少数民族人民的权利，实行了区域自治政策，现在更在宪法草案上全部明确地固定了下来，这就使全国各

---

① 《拥护中华人民共和国宪法草案》，《人民日报》，1954年6月15日，第1版。

少数民族随着祖国建设事业的前进，发展其政治、经济、文化等事业，由落后民族提高到先进民族有了根本的保证"，"全国各少数民族人民也一定和汉族人民一样，为之而空前热烈地欢欣鼓舞"。①

傅作义从保障人民权利的角度说："在宪法草案中，人民的民主自由权利是很大的。不但有最完备的政治权利，而且有经济的权利。人人有劳动权，人人有休息权，人人有受教育权，劳动人民在年老失去工作能力以后，有接受国家物质帮助的权利。虽然在我国现有的条件下，还必须逐步发展，才能保证人民能完全享受这些权利，但这已经可以看出，我们的国家是人民所有的国家，人民创造的财富，将真正为人民所享受。"

对于宪法草案本身，张治中说："可以用三句话来表示：第一，结构谨严而明确；第二，内容完整而充实；第三，措词简易而明确。"张难先表示："这部宪法草案是完全根据马克思、恩格斯、列宁、斯大林学说的真理，并完全符合于我国人民的愿望而制定的。"章伯钧说："我们这个宪法是适合中国国家情况的过渡时期的人民宪法，比起苏联以及各人民民主国家的现行的宪法，是具有不同的特点，但实际上是一致的，是同属于社会主义类

_____

①　《拥护中华人民共和国宪法草案》，《人民日报》，1954年6月15日，第4版。

型的。"

陈嘉庚赞扬了宪法对华侨的保护，他认为："宪法草案的每一条每一句都是实实在在的，从头到尾没有一句空话。"宪法草案第九十八条写明："中华人民共和国保护国外华侨的正当的权利和利益。""宪法草案中有这么一条，对于国外华侨就是很大的鼓舞。"章蕴谈到"妇女的权利得到宪法的无微不至的保护"，中国是"真正男女平等的社会"，她代表中华全国民主妇女联合会说："对宪法草案，我们是满意的、高兴的，我们要拥护它、学习它、遵守它、保卫它。这就是我们的心情和态度，这也将是全国妇女的心情和态度。"朱学范代表中华全国总工会说："我们相信由于宪法草案的制定，将鼓舞广大职工群众和劳动人民建设社会主义的热情，为实现国家的社会主义工业化及逐步过渡到社会主义社会而奋斗。"①

此外，胡耀邦代表中国新民主主义青年团、许德珩代表九三学社、陈其尤代表中国致公党的全体同志和所联系的华侨群众、李四光代表全国科学工作者，都对宪法表示热烈的拥护。

从上述代表们的发言中可以看出：其一，宪法草案得到了广泛的拥护和认同，具有广泛的共识性，正如毛泽东

---

① 《拥护中华人民共和国宪法草案》，《人民日报》，1954年6月16日，第2版。

所讲，"这个宪法草案看起来是得人心的"，"是比较好的，是得到大家同意和拥护的"。①其二，代表们对宪法的实施具有极高的期待，宪法"代表着我国人民的要求和利益，所以它能得到人民的衷心拥护，并愿意为它的全部、彻底实现而努力"。其三，代表们对宪法草案关注的焦点，已经开始由内容起草，转向具体实践，如许德珩在会议上提出："在宪法草案公布后，应该加强守法教育，加强守法精神，公务人员要以身作则提高守法精神，使宪法草案真正成为人民爱护国家、遵守法律的宪法草案。"②

经过热烈的、民主的讨论，会议最后一致通过中华人民共和国宪法起草委员会所起草的《中华人民共和国宪法草案》，并予以公布。

2.毛泽东做《中华人民共和国宪法草案》讲话

在6月14日举行的中央人民政府委员会第三十次会议上，毛泽东专门做了《中华人民共和国宪法草案》的重要讲话。对宪法草案的基本思想、原则方向和内容结构做了全面的梳理概括。这个讲话既集中展现了中共领导层在宪

---

① 中共中央文献研究室编：《建国以来毛泽东文稿》第四册，中央文献出版社1990年版，第499页。
② 《拥护中华人民共和国宪法草案》，《人民日报》，1954年6月16日，第2版。

法草案制定过程中体现的宪法意识，也具体反映了毛泽东关于宪法的思想。这篇重要讲话主要涉及以下几个方面：

第一，宪法草案制定过程所遵循的民主程序。毛泽东认为，宪法之所以是"得人心的"，理由之一就是采取群众路线的方针，坚持"领导机关的意见和广大群众的意见相结合的方针"，坚持广泛征集意见，以民主为基础。他说："为什么组织这样广泛的讨论呢？有几个好处：少数人议出来的东西是不是为广大人民所赞成呢？经过讨论，证实了宪法草案初稿的基本条文、基本原则，是大家赞成的，草案中一切正确的东西，都保留下来了。少数领导人的意见，得到几千人的赞成，可见是有道理的，是合用的，是可行的。"他还提出：今后也要发扬这种民主作风，"一切重要的立法都要用着这个方法"。

第二，宪法草案制定过程中的意见和疑问。在宪法草案讨论中，宪法起草委员会办公室共收集了5900多条意见（不包括疑问）。毛泽东说："这些意见，可以分为三部分。其中有一部分是不正确的，还有一部分虽然不见得很不正确，但是不适当，以不采用为好。""既然不采用，为什么又收集呢，收集这些意见有什么好处呢，有好处，可以了解在这八千多人的思想中对宪法有这样一些看法，可以有比较。""第三部分就是采用的。这当然是很好的，很需要的。如果没有这些意见，宪法草案（初稿）

虽然基本上正确，但还是不完全的，有缺点的，不周密的。""在今天看来，这个草案是比较完全的，这是采纳了合理的意见的结果。"

第三，宪法草案的特点。毛泽东将宪法草案特点归结为两条：一是总结了经验，总结人民革命经验和几年来的社会建设经验，总结世界各国和中国历史上的制宪经验。二是坚持原则性和灵活性。原则性是人民民主原则和社会主义原则。灵活性是指宪法讲"逐步实行"，不是一蹴而就的。

第四，宪法的性质。他指出："我们的这个宪法是社会主义类型的宪法，但还不是完全社会主义的宪法，它是一个过渡时期的宪法。我们现在要团结全国人民，要团结一切可以团结的和应当团结的力量，为建设一个伟大的社会主义国家而奋斗。这个宪法就是为这个目的而写的。"

第五，宪法草案公布以后在国际社会的影响。毛泽东认为，中国宪法的公布"在民主阵营中，在资本主义国家中，都会发生影响"。对民主国家而言，是有利的。表现在两方面：一是可以振奋精神，鼓舞人民士气。二是可以提供经验借鉴，他说："跟我们同样受帝国主义、封建主义压迫的国家很多"，"我们有了一个革命的宪法，人民民主的宪法，有了一条清楚的明确的和正确的道路，对这些国家的人民会有帮助的。"从当时的国际环境看，中国宪法的公布实施，的确产生了广泛的影响，对扩大社会主义国家在国际社会的影响力，起到了一定的作用。

第六，社会发展阶段与宪法的关系。我们的宪法性质是社会主义类型宪法，宪法确定的总目标是"为建设一个伟大的社会主义国家而奋斗"，"要建成一个伟大的社会主义国家，究竟需要多长时间"。毛泽东回答："现在不讲死，大概是三个五年计划，即十五年左右，可以打下一个基础"，"五十年后像个样子"。

第七，宪法的遵守和实行问题。毛泽东指出："一个团体要有一个章程，一个国家也要有一个章程，宪法就是一个总章程，是根本大法。""这个宪法草案是完全可以实行的，是必须实行的。""过几个月，由全国人民代表大会通过，就是正式的宪法了。""通过以后，全国人民每一个人都要实行，特别是国家机关工作人员要带头实行，首先在座的各位要实行。不实行就是违反宪法。"[①]

第八，对删除宪法草案个别条文的解释。在会议发言中，傅作义曾说："最后我愿意提到，在召集人会议上，大家一致同意写上一条：中华人民共和国主席是国家元首。可是被毛主席抹去了。但是这并不能抹去亿万人民衷

---

① 中共中央文献研究室编：《毛泽东文集》第六卷，人民出版社1999年版，第324—330页。

心的爱戴。愈谦逊愈伟大，愈伟大愈谦逊。"[1]对此，毛泽东特意解释说："宪法草案中删掉个别条文是由于有些人特别谦虚。不能这样解释。这不是谦虚，而是因为那样写不适当，不合理，不科学。""在我们这样的人民民主国家里，不应当写那样不适当的条文。不是本来应当写而因为谦虚才不写。"[2]在新中国成立初期，毛泽东对个人崇拜有着清醒的认识，对待宪法的态度也是慎重的。

从毛泽东的这篇讲话可以看出，无论是中共中央，还是毛泽东个人都对宪法草案极为重视，付出了巨大心血。毛泽东的讲话不仅强调了宪法的性质、特点，更强调了宪法公布和实行的重大意义：宪法将在国家生活中扮演重要角色，它的公布施行"使人民有一条清楚的轨道，使全国人民感到有一条清楚的明确的正确的道路可走"[3]。

四、1.5亿人对宪法草案的讨论

毛泽东曾指出，"人民民主原则贯穿在我们整个宪法

---

[1]　中共中央文献研究室编：《毛泽东传（1949—1976）》上，中央文献出版社2004年版，第336页。

[2]　中共中央文献研究室编：《毛泽东文集》第六卷，人民出版社1999年版，第330页。

[3]　中共中央文献研究室编：《毛泽东文集》第六卷，人民出版社1999年版，第328页。

中"①。作为一部人民民主宪法，"它的每一条文，都必须充分代表人民的意志和人民的利益"②。因此，在制宪程序上，要坚持民主集中原则和群众路线原则，应该对宪法草案进行全民讨论，使最后正式颁布的宪法真正成为人民意志的集中表现，能够在人民群众的监督之下贯彻实施。

1.决定宪法草案全民讨论

中共在领导制定宪法过程中，特别注重对苏联及东欧各民主国家制宪经验的参考。1936年，苏联宪法草案形成后，紧接着在全国人民中进行讨论。"从八月十五到十月十九日在四十一万次劳动者群众大会上，四万八千一百八十九次苏维埃全体会议上，七万九千二百九十四次苏维埃小组和代表小组会议上详细地讨论了宪法草案。""参加这些会议的人数，达五千一百万人以上，占全国成年人口的百分之五十五。"在苏联许多地区，几乎所有成年人都参加了讨论。"在全民讨论宪法草案的进程中，劳动者提出了一百五十万项以上各种修正、补充和建议。"根据这些建议，"最后宪法草案之中，加入了四十三项修正和

① 中共中央文献研究室编：《建国以来毛泽东文稿》第四册，中央文献出版社1990年版，第502页。
② 《普遍组织人民群众讨论宪法草案》，《人民日报》，1954年7月17日，第1版。

补充，其中许多是涉及原则性的重大问题"。①

斯大林认为："全民讨论对苏联宪法的审定与最后润色工作无疑起了很大的帮助作用"，"在群众的积极性、主动性和首创精神等方面，都是空前未有的范例"。②同样，在东欧各社会主义民主国家，如罗马尼亚、匈牙利、保加利亚、捷克斯洛伐克、波兰和阿尔巴尼亚，全民讨论也是它们"在制定新的真正民主的宪法过程时的特点"，"这是这些国家人民群众非常积极地参加巩固有利于劳动者的社会、政治制度的新的进步的宪法规范的明显表现"。③这种全民大讨论的做法给毛泽东等人留下深刻印象。因此，中共也决定参照上述做法，开展宪法草案全民大讨论。④

1954年5月21日，中共中央发出了《关于在全国人民进行宪法草案的宣传和讨论的指示》（以下简称《指示》），指出："《中华人民共和国宪法草案》，即将于六月十五日左右由中央人民政府委员会通过公布。《宪

① 《一九三六年苏联宪法草案的全民讨论》，《人民日报》，1954年7月17日，第3版。

② 转引自孙泽学、贺怀锴：《斯大林、苏联与新中国"五四宪法"的制定》，《中共党史研究》，2019年第8期。

③ 《一九三六年苏联宪法草案的全民讨论》，《人民日报》，1954年7月17日，第3版。

④ 董成美：《制定我国1954年宪法若干历史情况的回忆》，《法学》，2000年第5期。

法草案》公布后，将在全国人民中进行三个月的讨
论。""一方面使人民初步明了《宪法》的主要内容及其
对于各阶层人民自己的切身关系"；"一方面还要发动人
民积极地提出他们对于《宪法草案》的意见"。[①]

为了领导好宪法草案的宣传和讨论，《指示》要求：
"各省（市）、专区和县三级人民政府，立即成立《宪法
草案》讨论委员会，以党委一个主要领导同志为主任，并
吸收一些党外人士参加。"要"选择一批城市和农村的报
告员和宣传员集中起来学习，由省市委派负责同志下去
作报告"。"其目的是使所有参加讨论和学习的人，对
于《宪法草案》内容有一个初步的了解"，以便在正式公
布《宪法草案》之后，"能够立即把他们组织起来，派到
城市和农村中去作关于《宪法草案》的报告，并负责组织
人民群众的讨论"。[②]

6月14日，中央人民政府委员会第三十次会议正式通
过宪法草案，并决定"全国地方各级人民政府应立即在人
民群众中普遍地组织对于宪法草案的讨论，向人民群众广
泛地进行对于宪法草案内容的说明，发动人民群众积极提
出自己对于宪法草案的修改意见"，"中华人民共和国宪

[①] 中央档案馆、中共中央文献研究室编：《中共中央文件选集（1949年10
月—1966年5月）》第十六册，人民出版社2013年版，第204页。

[②] 中央档案馆、中共中央文献研究室编：《中共中央文件选集（1949年10
月—1966年5月）》第十六册，人民出版社2013年版，第205页。

法起草委员会应当继续进行工作，收集人民的意见，加以研究，在第一届第一次全国人民代表大会会议举行以前完成宪法草案的修改，并准备向全国人民代表大会提出关于宪法草案的报告"。①

6月15日，《人民日报》刊登了宪法草案全文。16日，发表了题为《在全国人民中广泛地展开讨论中华人民共和国宪法草案》的社论。社论指出："我国人民的宪法是属于社会主义类型的真正民主的宪法。""我们全国人民对于关系每个人自己的切身利益的国家根本大法，一定要积极地参加讨论，提出意见，集中全国人民的智慧，使我国人民这个第一部宪法的草案修改得更加完善。"社论号召全国人民，"让我们充满信心地进行对宪法草案的全民讨论，热烈地准备迎接中国人民的第一个宪法的诞生吧！"②

随即，宪法草案的宣传和讨论在全国人民中迅速展开。在此过程中，毛泽东高度重视苏联全面宪法草案大讨论的经验。为了配合宪法草案的宣传和讨论，中国政治法律学会《政法研究》编辑部翻译了《苏联宪法草案的全面讨论》一文。这篇文章毛泽东看得很仔细，"用钢笔

---

① 《中央人民政府委员会关于公布"中华人民共和国宪法草案"的决议》，《党的文献》，1997年第1期。
② 《在全国人民中广泛地展开讨论中华人民共和国宪法草案》，《人民日报》，1954年6月16日，第1版。

画了很多他认为重要的地方，有的地方画了两道，还加上
圈"。他对苏联全民讨论宪法中关于宪法草案"公民基本
权利义务"和"国家机构"部分提出意见数量的百分比特
别注意，"画了好几条黑线"①，并批送刘少奇、邓小平
等，表示"此件值得一阅"②。

7月17日，《人民日报》再次发表了题为《普遍组织
人民群众讨论宪法草案》的社论。社论指出，"人民群众
通过宪法草案的讨论，就能够实际认识我国宪法是真正的
人民宪法：它不仅代表人民的利益，而且是真正根据人民
群众的意志来制定的"。同时，社论还指出："无论城市
或农村，人民的生产活动现在都非常紧张。""应该灵活
地采用适合当时当地群众所能接受的各种方式来组织群众
进行讨论，要尽力避免铺张和形式主义。"③

通过对苏联制宪经验的"参考"，中共中央认为，宪法
草案的全民讨论，不仅可以"更广泛地吸收不同地区、不同
阶级和不同职业的各族人民的意见"，体现制宪的民主性和
科学性，使宪法草案变得更为完善；更为重要的是，提高宪
法的社会认同基础，使"人民群众的国家主人翁感将因此而

---

① 董成美：《制定我国1954年宪法若干历史情况的回忆》，《法学》，
2000年第5期。
② 中共中央文献研究室编：《建国以来毛泽东文稿》第四册，中央文献出
版社1990年版，第512页。
③ 《普遍组织人民群众讨论宪法草案》，《人民日报》，1954年7月17日，
第1版。

进一步提高"，"人民也就会更加热爱自己的国家"。①正如当时的北京丰台区辛庄农业生产合作社社员所说："旧社会什么法也不让我们知道，到处写着'莫谈国事'，现在宪法叫咱们讨论，这就是人民有权利。"②

2.宪法草案全民大讨论的成果

宪法草案全民大讨论从6月16日开始，到9月11日结束，历时近3个月的时间。为了搞好这次讨论，各地普遍成立了宪法草案讨论委员会，培养报告员和宣传员，有组织地进行讨论和宣传工作。如北京市为了在宪法草案正式公布后，能够在首都各界人民群众中进行一次广泛深入的宣传和讨论，6月1日就在全国率先成立了宪法草案讨论委员会，由北京市人民政府副市长张友渔任主任。委员会下设办公室，分联络、简报、秘书3组，负责日常的具体工作，并在全市分别成立各区、各大厂矿、各高等学校、工商界、少数民族及宗教界等23个宪法草案讨论委员会分会。③

为了使宪法草案家喻户晓、深入人心，各地凡是能够动员的宣传力量和宣传工具都被动员了起来。北京市训练

---

①　《普遍组织人民群众讨论宪法草案》，《人民日报》，1954年7月17日，第1版。
②　《北京市结束讨论宪法草案 各界人民积极提出修改和补充意见》，《人民日报》，1954年9月10日，第1版。
③　《北京市宪法草案讨论委员会成立》，《人民日报》，1954年6月2日，第1版。

了4000多名报告员，在工厂、企业、机关、学校、建筑工地、乡村、街道做了很多次报告。全市5000多块黑板报都以宣传宪法草案为主要内容。北京人民广播电台每天向全市人民进行宪法草案解说。①陕西许多县、市动员暑期回家的中学生和小学教师利用暑期进行宣传活动。"汉中专区各县报告员和宣传员1100多人，已深入到农村，以读报组、互助组和农业社为活动中心，逐步向广大群众展开宣传。"甘肃省省内各种报纸、各地黑板报、有线广播站、广播筒、幻灯片、读报组都以宣传有关宪法草案的材料为主要内容。"玉门、山丹等县和天祝藏族自治区还利用集市或赛马会等机会向群众讲解宪法草案。"②云南部分县市采用宣传员并按街道分段包干宣传，以求做到家喻户晓。③内蒙古牧区各地在那达慕大会、敖包会和物资交流大会等群众集中的地方，展开宣传。在"乌兰察布盟乌拉特中后联合旗的物资交流大会上，有一千多蒙族人民听了关于宪法草案的报告"。④

---

① 《首都近百万人讨论了宪法草案》，《人民日报》，1954年7月18日，第1版。

② 《陕西、甘肃、宁夏、青海广泛宣传宪法草案 大批报告员宣传员深入农村和街道去工作》，《人民日报》，1954年7月17日，第1版。

③ 《云南省各地展开宣传讨论宪法草案的活动》，《人民日报》，1954年7月20日，第21版。

④ 《内蒙古自治区各地宪法草案的宣传讨论逐步深入》，《人民日报》，1954年7月22日，第2版。

通过全民组织动员，民众讨论宪法草案的热情被极大调动起来。到9月10日，北京市（不包括中央级各机关）听取关于宪法草案报告并参加初步讨论的各界人民约有103.57万人，参加逐章逐条讨论的约有55.2万人。在讨论中，各界人民共提出对宪法草案的意见143565条。① 上海市有270万人听了有关宪法草案的报告，其中有156万人热烈地参加了讨论，共提出16.5万多条修改和补充意见。② 天津市有100多万人直接听到了关于宪法草案的讲解报告，其中90多万人参加了讨论。讨论结束后，天津市宪法草案讨论委员会将意见汇集整理，最后共综合为503条。③ 根据统计，在仅3个月的时间里，全国各界共有1.5亿多人参加了宪法草案的讨论，许多地区听报告和参加讨论的人数都达到了当地成年人口的70%以上，有些城市和个别的专区达到了90%以上。④ 至9月11日，全国人民对宪法草案共提出52万条修改和补充意见。宪法起草委员会办公室编辑组对这些意见进行分组和整理，编辑了《全民讨论意见

---

① 《北京市结束讨论宪法草案 各界人民积极提出修改和补充意见》，《人民日报》，1954年9月10日，第1版。

② 《上海市一百五十多万人热烈讨论宪法草案 提出补充和修改意见十六万条》，《人民日报》，1954年9月6日，第1版。

③ 《天津宣传和讨论宪法草案结束 正以实际行动迎接我国第一部宪法的诞生》，《人民日报》，1954年9月9日，第1版。

④ 《宪法草案的全民讨论结束》，《人民日报》，1954年9月11日，第1版。

汇编》共16册。①同时，全国各省、市、县和部分乡还普遍召开了各级人民代表大会会议，宪法草案是会议主要内容之一，并通过了拥护宪法草案决议。

全国人民在讨论宪法草案时，提出的这些修改和补充意见，宪法起草委员会做了认真考虑，并采纳了部分群众的意见，对宪法草案做出了修改。比如，在第三条第三款中"各民族都有发展自己的语言文字的自由"，应该添上也有使用的自由。第二十三条第一款中把"少数民族"4字去掉，增加"自治区"3字。因为全国人民代表大会的少数民族的代表并不是作为一个单位选出的。第二款在"全国人民代表大会代表名额和代表产生办法"之下，补充"包括少数民族代表的名额和产生办法"一句。第二十四条第二款规定全国人民代表大会任期届满的一个月以前，完成下届全国人民代表大会代表的选举，一个月的时间太仓促了，应把时间改得长些。同款中"到下届全国人民代表大会选出为止"，改为"到下届全国人民代表大会举行第一次会议为止"。因为下届全国人民代表大会选出后，在未举行第一次会议之前，实际上还不能行使权力。关于人民法院的规定，宪法草案中有的地方用"人民法院"，有的地方用"法院"，应统一起来，一律用人民

---

① 许崇德：《中华人民共和国宪法史》上卷，福建人民出版社2005年版，第148页。

法院，等等。①这些意见，最终都体现在宪法草案上。

　　全民宪法草案讨论的意见，除了上述涉及宪法草案内容的重要修改外，还有许多文字和修辞上的修改。这些修改使宪法草案更缜密。同时，通过这场讨论运动，不仅向全国人民普及了宪法知识，也"进一步提高了全国人民社会主义和爱国主义的觉悟，并有力地推动了生产建设和各项工作"。"各地人民表示热烈地拥护宪法草案，并表示在宪法正式公布后，要严格遵守宪法和法律，认真履行公民应尽的义务，积极参加社会主义的伟大建设事业"。②

①　《宪法草案的全民讨论结束》，《人民日报》，1954年9月11日，第1版。
②　《宪法草案的全民讨论结束》，《人民日报》，1954年9月11日，第1版。

第五章 通过："五四宪法"的诞生

召开全国人民代表大会，制定宪法，是中国政治生活的两件大事。宪法草案全民大讨论后，宪法起草委员会对其进行了进一步修改和完善，与此同时，全国普选工作基本完成，地方各级人大代表及全国人大代表相继产生，1954年9月15日，一届全国人大一次会议正式开幕。9月20日，新中国第一部宪法正式诞生。

一、1266名全国人大代表的选举产生

制定宪法的前提条件之一是召开全国人民代表大会。要召开全国人民代表大会，就要进行全国普选，并在此基础上，选举产生全国人大代表。1953年到1954年，在中央和各地方党政机构的精心准备和周密策划下，我国成功组织了全国人民代表大会及地方各级人民代表大会代表的选举工作。

1.全国基层普选工作的完成

选举是一件很大的事，我们国家从来没有做过。邓小平曾说："过去老解放区虽然搞过选举，但现在与过去不同。过去的选举一般不能叫普选，这次是普选。"全国基层普选工作，尤其是乡、镇、市辖区和不设区的人大代表的选举工作，是全国及地方各级人民代表大会选举工作的基础。这一层的选举，涉及人数最多，情况最复杂，操作难度也最大，"办好了这些基层单位的选举，县市以上的选举工作就较为容易了"①。

基层普选工作之所以复杂，一个重要原因是涉及选民登记。因为各级人民代表大会的选举是按人口计算的，所以要在选民登记同时，进行一次全国范围的人口普查。选民数量很大，又要进行人口调查，同时还涉及选民资格的处理。因此，基层单位最繁重的工作就是选民登记。基层选举工作，无论是选民登记和人口调查，无论是选民资格问题的申诉和处理，无论是候选人名单的提出和讨论，都是"需要大量的人力才能办好这件事情"②。

为了加强选举工作的领导，1953年2月11日，中央人

① 中共中央文献研究室编：《邓小平文集（一九四九——九七四）》中卷，人民出版社2014年版，第82、67页。
② 中共中央文献研究室编：《邓小平文集（一九四九——九七四）》中卷，人民出版社2014年版，第68—69页。

民政府委员会第二十二次会议，在审议通过《选举法》时，也接受选举法起草委员会建议，成立以刘少奇为主席的中央选举委员会，统一领导新中国的第一次普选工作，选举产生各级人民代表大会代表。中央选举委员会委员由朱德、邓小平等28人组成。

1953年2月20日，邓小平召集政务院副秘书长孙志远、陶希晋，研究中央选举委员会如何开展工作的问题。他做出了如下工作安排：一是建立中央选举委员会办事机构；二是由中央选举委员会发一个基层选举工作指示；三是起草省、自治区、直辖市选举实施细则，编写《选民资格问答》；四是开展全国人口普查，由中央内务部主持，各省、市、自治区、直辖市由民政部门主持，县则在县长直接领导下组织一个办公室负责主持；五是由政务院通令，县市以上迅速成立各级选举委员会，并将名单按级上报；六是准备好选民登记表、选民证和各级代表当选证书的格式及印章的型式。①

3月2日，邓小平代中共中央起草致电各中央分局并转各省、市、自治区、直辖市党委的电报，对地方各级选举委员会主席、委员的产生办法做出明确的规定。②之后，

---

① 中共中央文献研究室编：《邓小平传（1904—1974）》下，中央文献出版社2014年版，第935页。

② 中共中央文献研究室编：《邓小平年谱》第二卷，中央文献出版社2020年版，第454页。

地方各级选举委员会很快建立起来。

3月8日，中央选举委员会召开第一次会议，邓小平被任命为中央选举委员会秘书长。在这次会上，邓小平说：开展全国性普选工作，第一件工作就是人口调查登记。中国是世界上人口最多的国家，但长期以来没有一个准确的人口数据。要进行全民选举，搞清楚选民数量，必须要"进行一次全国范围的人口调查"。"全国到底有多少人？过去的说法是四亿五千万，现在的说法是五亿六千万，应该做一个调查。""我们如果连人口的数目都搞不清，如何搞计划？"现在最迫切的就是知道"全国到底有多少人，其次要知道男性有多少、女性有多少，第三是年龄情况，第四是民族"。①因此，开展全国性人口普查，成为全国普选工作的当务之急。

其实，早在1953年1月，中共中央就已经开始准备人口调查统计工作。1月21日，邓小平致信周恩来、董必武等人，对人口普查工作提出意见：第一，"凡属基本性质的统计工作，应统一于统计局。人口调查这样的统计工作，应该归统计局做（他方面协助）"。第二，"公安系统情况特殊，其统计工作不应列入统计局范围"。第三，"有关内务、司法业务性质的统计，由内务部门、司

---

① 中共中央文献研究室编：《邓小平文集（一九四九——一九七四）》中卷，人民出版社2014年版，第68、83、92页。

法部门作,但不必成立专门的统计机构"。后来,又根据周恩来等人的意见,决定"人口普查工作以公安部为主,以国家统计局名义颁发统计表格并公布统计数字"。①这一安排,从组织上明确了人口调查工作的责任主体。

1953年4月3日,周恩来签署了《中央人民政府政务院为准备普选进行全国人口调查登记的指示》。该指示中说:"为了使全国年满十八周岁的公民都能依法参加选举,必须做好登记选民的工作。而选民的登记,又必须以人口登记为依据。因此应在选举工作同时,举行全国人口调查登记,以利选举工作的进行,并为国家的经济、文化建设,提供确实的人口数字。"②"为免重复与遗漏,确定以公历一九五三年六月三十日(旧历五月二十日)二十四时为全国人口调查登记的计算标准时间。"③这次会议后,全国人口普查工作正式开始。

在人口调查登记工作中,全国组成了各级人口调查登记办公室,制定了统一简易可行的全国人口调查登记办法。经过各地认真调查登记、复检核对、补报等大量工作,截至调查标准时间1953年6月30日24时,全国人口总

---

① 中共中央文献研究室编:《邓小平年谱》第二卷,中央文献出版社2020年版,第444页。

② 中共中央文献研究室编:《周恩来年谱(1949—1976)》上卷,中央文献出版社1997年版,第293页。

③ 《中央人民政府政务院为准备普选进行全国人口调查登记的指示》,《人民日报》,1953年4月6日,第1版。

数为601938035人。①

人口调查工作进行的同时，全国各地进行了选民登记工作，并按照《选举法》正确地处理了选民资格的问题。为了保证选举工作的顺利进行，4月3日，中央选举委员会发出《关于基层选举工作的指示》和《关于选民资格若干问题的解答》。4月5日，中央选举委员会又发布了《中央和各级地方选举委员会印章制发办法》《选举登记表格式及其说明》《选民证格式及其说明》《关于地方各级人民代表大会代表当选证书格式及印制办法的规定》等。

按照《选举法》及相关规定，选民登记首先要对选民资格做必要核实审查，符合资格才允许登记。根据中央选举委员会的统计，在全国进行基层选举的地区，符合资格的选民总数为323809684人，占进行选举地区18周岁以上人口总数的97.18%。而全国依法被剥夺选举权利的人并加上精神病患者，占进行选举地区人口总数的1.64%，占进行选举地区18周岁以上人口总数的2.82%。这说明了我国选举制度的普遍性和平等性，也证明了我国人民民主政权具有极为广泛的群众基础。②

选民登记工作完成后，从1953年下半年开始，全国

---

① 《中华人民共和国国家统计局关于全国人口调查登记结果的公报》，《人民日报》，1954年11月1日，第1版。

② 《邓小平同志向中央人民政府委员会报告 全国基层选举胜利完成》，《人民日报》，1954年6月20日，第1版。

各个地区的民主选举逐步展开。到1954年6月中旬，全国基层选举工作完成。6月19日，在中央人民政府第32次会议上，邓小平做了《关于基层选举工作完成情况的报告》。该报告指出："这次全国基层选举工作是完全按照选举法的规定进行的。""在选举工作中，各地按照选举法的规定，建立了乡、县、市、省的各级选举委员会"，"动员了250多万名干部参加选举的指导工作，并选择了不同类型的地区，进行了基层选举的典型试办，取得经验，然后分批展开"。根据中央选举委员会的统计，"除少数暂不进行基层选举的地区外，全国进行基层选举的单位共为214798个，进行基层选举地区的人口共为571434511人"。全国进行选举地区的选民，"参加投票的有278093100人，占登记的选民总数的85.88%。选民中妇女参加投票的占登记的妇女选民总数的84.01%"。在这次基层选举中，"全国各地共选出5669144名基层人民代表大会的代表，其中妇女代表占17.3%"。①

　　这场全国范围内的普选是一次规模巨大的民主运动，它在我国人民政治生活中具有重大的历史意义。全国基层选举的胜利完成，为县以上各级人民代表大会奠定了基础，同时也大大推动了我国人民民主制度的发展。

---

　　① 中共中央文献研究室编：《邓小平年谱》第二卷，中央文献出版社2020年版，第530页。

2.第一届全国人大代表的产生

根据中央选举委员会的安排，"基层单位人民代表大会选举完毕后，应定期召集本基层单位的第一次人民代表大会"①。在此基础上，全国省、市、县、区各级行政区域先后召开人民代表大会会议，并在省一级的人民代表大会上选举产生全国人大代表。

为了做好地方各级人民代表大会的召开和全国人民代表大会代表选举工作，1954年4月15日，刘少奇主持召开了中央选举委员会第4次会议和政务院第213次政务会议联合会议。会议通过了《中央选举委员会、政务院对于省、市、县人民代表大会几个有关问题的决定》。②该决定指出：为了使代表候选人都能得到充分的酝酿，同时使各级人民代表大会的召开能互相衔接起见，规定县一级人民代表大会在1954年6月间召开；省、市人民代表大会暂定在1954年7月下旬或8月上旬召开；人口在50万以上的省辖工业市人民代表大会应先于省人民代表大会召开。同时，会议并确定南京、青岛、成都、济南、太原、杭州、昆明、唐山、长沙、无锡10个人口在50万以上的省辖

---

① 全国人大常委会办公厅、中共中央文献研究室编：《人民代表大会制度重要文献选编》一，中国民主法制出版社、中央文献出版社2015年版，第175页。

② 中共中央文献研究室编：《邓小平年谱》第二卷，中央文献出版社2020年版，第517页。

工业市应按照选举法第二十条的规定，按人口每10万人选全国人民代表大会代表1人。^①

在各级人大代表选举过程中，如何对民主党派和无党派人士进行适当的安排，保证他们在各级人大代表占有适当的名额比例，成为关注的焦点，也是中共中央亟须解决的问题。

4月21日，中共中央统战部就此问题，制定了《关于省、市人民代表大会和省、市人民政府委员会中民主人士安排方案的意见》。该意见指出："省、市人民代表大会中，在'保证党员加进步力量（非党工农分子和革命知识分子）在比例上占显著优势并处于领导地位'的原则下，民主人士在总名额中的比例，省可占到百分之三十，市可占到百分之三十五。"^②

当然，对民主人士的安排，并不是单纯追求比例、无原则的。李维汉解释说：统战部这样的规定是原则性同灵活性相结合，"同时将人民代表大会代表的选举、政府人员的选任、统一战线组织和其他方面的人事安排结合起来，通盘筹划"。提名为人民代表条件是，"一、在各民族、各民主党派、各人民团体中或在社会上有相当的代表

---

① 《中央选举委员会、政务院政务会议联合举行 对召开省、市、县人民代表大会的问题作出决定》，《人民日报》，1954年4月17日，第1版。
② 中共中央文献研究室编：《建国以来重要文献选编》第五册，中央文献出版社1993年版，第218页。

性；二、历史清楚，政治上进步；三、有积极作用；四、民主人士中的左、中、右都应有其代表人物。对某些代表性较大的右翼分子，还要有意识地适当吸收，以便人民代表大会广泛反映各方面人民群众的意见"①。

4月27日，中共中央批准中央统战部的意见，并转发各中央局、分局、省、市委，要求"某些省、市对民主人士安排方案有不合此文件精神者，应加以适当修正"，"关于县、市和市辖区对民主人士的安排问题，由各省、市委根据此文件精神和当地实际情况发出指示并负责审核各县、市及市辖区的具体执行方案"②。

根据中央选举委员会和政务院安排，1954年6、7月间，全国150个省辖市，2064个县、自治县及县一级的单位和170个中央直辖市的区，全部召开了人民代表大会会议。在这些会议中，各地均按照《中华人民共和国全国人民代表大会及地方各级人民代表大会选举法》的规定，以无记名投票的方法，分别选举了省、直辖市和自治区的人民代表大会代表共1.668万人。③

1954年7月底到8月中旬，各省、直辖市和内蒙古自治

---

① 李维汉：《回忆与研究》下，中共党史出版社2013年版，第611页。
② 中共中央文献研究室编：《建国以来重要文献选编》第五册，中央文献出版社1993年版，第216页。
③ 全国人大常委会办公厅、中共中央文献研究室编：《人民代表大会制度重要文献选编》一，中国民主法制出版社、中央文献出版社2015年版，第187页。

区先后召开了人民代表大会，分别选举了全国人民代表大
会代表。西藏地方和昌都地区采取了代表会议的形式选出
全国人民代表大会代表。全国25个省、内蒙古自治区、西
藏地方、昌都地区和14个直辖市共选出全国人民代表大会
代表1136人。军队召开了军人代表大会，选出了全国人民
代表大会代表60人。华侨事务委员会在召开的有国外华侨
代表参加的侨务扩大会议上，选出了全国人民代表大会代
表30人。①

　　各地区和各单位所产生的全国人民代表大会代表总
计1226人。台湾省也应选出全国人民代表大会代表，因该
省尚待解放，名额暂缺。全国人民代表大会的代表中有妇
女代表147人，占代表总数的11.99%；少数民族代表177
人，占代表总数的14.44%。②在全部代表名额中，共产党
员共668人，占54.48%，民主党派和无党派人士558人，占
45.52%。这个比例，"既保证了无产阶级对国家政治生活
的坚强领导，又体现了统一战线的广泛性"③。

　　1954年9月3日，刘少奇主持召开中央选举委员会第五
次会议，批准了邓小平做的《中央选举委员会关于中华人

---

① 全国人大常委会办公厅、中共中央文献研究室编：《人民代表大会制度
重要文献选编》一，中国民主法制出版社、中央文献出版社2015年版，第187—188
页。
② 全国人大常委会办公厅、中共中央文献研究室编：《人民代表大会制度
重要文献选编》一，中国民主法制出版社、中央文献出版社2015年版，第188页。
③ 李维汉：《回忆与研究》下，中共党史出版社2013年版，第611页。

民共和国第一届全国人民代表大会代表选举工作完成的报告》，并通过了《中央选举委员会公告》。至此，新中国第一次大规模的全国普选运动圆满结束，为即将召开的全国人民代表大会奠定了坚实的基础。

二、"宪法不是天衣无缝，总是会有缺点的"

随着第一届全国人民代表大会第一次会议开幕时间的临近，毛泽东等人也在为宪法草案的完善做着最后的努力。9月8日至14日，结合各方意见，宪法起草委员会和中央人民政府委员会共召开4次会议，对宪法草案又做了一些重要修改。

1.宪法起草委员会第八次和第九次会议

为了使宪法草案尽可能地完善，从1954年9月6日至8日，毛泽东连续3天晚上，在中南海菊香书屋召集刘少奇、周恩来、陈云、彭真、邓小平、李维汉、陈伯达、田家英等人，讨论宪法草案。①

9月8日，在中南海紫光阁，毛泽东主持召开了宪法起草委员会第八次会议。出席会议的有朱德、宋庆龄等21

① 中共中央文献研究室编：《毛泽东年谱（1949—1976）》第二卷，中央文献出版社2013年版，第275—276页。

位委员，列席会议的有：中央人民政府委员会部分委员，4月讨论宪法草案的17个组的正、副召集人，讨论《全国人民代表大会组织法（草案）》等5个组织法前6组的召集人，33个代表组组长，起草委员会副秘书长等。会议从上午9点开到12点，下午3点开到7点结束，进行了7个小时。[①]

会议把宪法草案从头至尾顺了一遍。结合各方意见，把有问题的章节进行了展开讨论，做了一些修改，主要有：在序言部分，"将'我国根据平等、互利、互相尊重领土主权的原则同任何国家建立和发展外交关系的政策'中的'互相尊重领土主权'，改为'互相尊重主权和领土完整'"；在第一章总纲部分，"将第五条中的'中华人民共和国的生产资料所有制现在有下列各种'，改为'中华人民共和国的生产资料所有制现在主要有下列各种'"；"将第二十条'中华人民共和国的武装力量属于人民，它的任务是保卫人民革命和国家建设的成果，保卫国家的安全和领土主权的完整'中的'保卫国家的安全和领土主权的完整'，改为'保卫国家的主权、领土完整和安全'"[②]；等等。

9月9日，在中南海勤政殿，毛泽东主持召开了中央

---

① 许崇德：《中华人民共和国宪法史》上卷，福建人民出版社2005年版，第149—150页。
② 中共中央文献研究室编：《毛泽东年谱（1949—1976）》第二卷，中央文献出版社2013年版，第276页。

人民政府委员会第三十四次会议。会议讨论并修正通过了《中华人民共和国宪法草案》，决定提交即将召开的第一届全国人民代表大会第一次会议审议。

在对宪法草案进行进一步修改的同时，受毛泽东委托，刘少奇主持起草了《关于中华人民共和国宪法草案的报告》。这个报告对宪法草案进行了系统说明，毛泽东对此极为重视，进行了多次修改。

9月9日晨，毛泽东在修改了一部分《关于中华人民共和国宪法草案的报告》后，决定约中央政治局常委讨论报告的前两章：第一章"中华人民共和国宪法草案是历史经验的总结"，第二章"关于宪法草案基本内容的若干说明"。①毛泽东批示机要秘书高智，要他用电话通知周恩来、朱德、陈云、邓小平4位同志："今日下午五时以前及下午七时以后，看少奇同志宪法报告的头两章，以便晚上十一时左右，和少奇、伯达一起，到我处谈一下这两章中的有些问题。"②

9月11日，毛泽东再次修改《关于中华人民共和国宪法草案的报告（修正稿）》，将"修正稿"改为"草稿"，并署上刘少奇的名字。同时，将报告稿的第一部分

---

① 穆兆勇编著：《第一届全国人民代表大会实录》，广东人民出版社2006年版，第128页。

② 中共中央文献研究室编：《毛泽东年谱（1949—1976）》第二卷，中央文献出版社2013年版，第276页。

中有关辛亥革命和《临时约法》的局限性的一段话，修改为"他们没有一个彻底的反对帝国主义和封建主义的纲领，没有广泛地发动和组织可以依靠的人民大众的力量，因此他们不能取得对于帝国主义和封建主义的彻底胜利"。在报告稿的第二部分中讲到用和平方式进行社会主义改造的地方，加写两句话："那种认为我国已经没有阶级斗争了的想法，是完全错误的。""他们（指资本家——笔者注）的政治权利也不会被剥夺。这和我们对待封建地主阶级的政策是大有区别的。"在报告稿的第三部分讲到公民的自由和权利的地方，加写："任何资本主义国家的人民群众，都没有也不可能有我国人民这样广泛的个人自由"①。

9月12日，在中南海紫光阁，宪法起草委员会举行第九次会议。刘少奇在主持会议时，做了一个简单说明。他说："今天宪法起草委员会开会，讨论《关于中华人民共和国宪法草案的报告（草稿）》。毛主席交代给我起草，急急忙忙把它搞出来了。今天提请宪法起草委员会审查，主要是内容上有什么问题要进行讨论，文字上是否妥当也需要讨论。如同志们把本子改好留下来也可以。"②

---

① 中共中央文献研究室编：《毛泽东年谱（1949—1976）》第二卷，中央文献出版社2013年版，第278—279页。

② 《许崇德全集》（第六卷·专著二），中国民主法制出版社2009年版，第1917页。

此次会议讨论并通过了《关于中华人民共和国宪法草案的报告》，同时决定由刘少奇代表宪法起草委员会向第一届全国人民代表大会第一次会议做《关于中华人民共和国宪法草案的报告》。会议还修正通过了《中华人民共和国全国人民代表大会组织法草案》《中华人民共和国人民法院组织法草案》《中华人民共和国检察院组织法草案》《中华人民共和国地方各级人民代表大会和地方各级人民委员会组织法草案》。[①]这5个组织法草案是宪法起草委员会组织的起草小组分别起草的，会议决定把这5个组织法草案，一同提交第一届全国人民代表大会第一次会议审议。

2.中央人民政府委员会对宪法草案的最后修改

9月9日举行的中央人民政府委员会第三十四次会议，原已通过了提交全国人民代表大会审议的宪法草案。但由于自1954年9月1日起，第一届全国人大代表陆续抵京，6日至14日，报到的代表分成33个代表组，开始讨论宪法草案，又提出若干修改意见。[②]9月14日，也就是第一届全国人大开幕的前一天，中央人民政府委员会决定召开临时会

---

① 中共中央文献研究室编：《刘少奇年谱》下卷，中央文献出版社1996年版，第326页。

② 《全国人民代表大会代表陆续报到 开始分组讨论宪法草案》，《人民日报》，1954年9月8日，第1版。

议，对宪法草案又做了修改。

毛泽东主持了这次会议并首先讲话，对全国人大代表提出的两项修改意见做了说明。他说：第一条意见是序言第三段，在"第一届全国人民代表大会"下面加"第一次会议"5个字。"我国的第一个宪法"改为"中华人民共和国宪法"。这些修改都是属于文字性的，但不改不行。过去中国的宪法有8个（草案不在内）：清朝的"宪法大纲"，孙中山的《中华民国临时约法》，袁世凯的《中华民国约法》，曹锟的《中华民国宪法》，蒋介石的《中华民国训政时期约法》、《中华民国宪法》，瑞金中央工农民主政府颁布的《中华苏维埃共和国宪法大纲》，《中国人民政治协商会议共同纲领》。说这个宪法是"我国的第一个宪法"，不妥；说它是"中华人民共和国宪法"，则名副其实。"这是属于文字性质的但是重要的修改，不改就不那么妥当。"①

另一项的修改意见是第三条第三款，各民族"都有保持或者改革自己的风俗习惯和宗教信仰的自由"。问题出在"和宗教信仰"5个字上。有代表提出，说改革"宗教"可以，改革"信仰"则不妥。并且第八十八条已经规定"中华人民共和国公民有宗教信仰的自由"，再讲就重

---

① 毛泽东：《关于宪法草案的修改问题（一九五四年九月十四日）》，《党的文献》，1997年第1期。

复了。①毛泽东说："西藏人民信仰宗教，信得厉害，有风吹草动，他们就怕得很。这一句改一改好不好？免得误会，免得重复，也免得文字不通。这一条完全是抄《共同纲领》的，可见《共同纲领》也有错误。"最后，根据毛泽东的建议，把"和宗教信仰"5个字删去，改为"都有保持或者改革自己风俗习惯的自由"②。

此外有代表说："第七十四条，法院院长任期是第一款，法院的组织放在了第二款，要改。"毛泽东表示"我们觉得不改也可以"。还有代表提出："第五条'生产资料所有制现在主要有下列各种'的'主要'二字不要。"毛泽东也回应道："我们考虑恐怕还是保留好，不要改了。"③

鉴于宪法仍可能存在问题，毛泽东说："宪法不是天衣无缝，总是会有缺点的。'天衣无缝'，书上是这样说过。天衣，我没有看见过，也没有从天上取下来看过，我看到的衣服都是有缝的，比如我穿的这件衣服就是有缝的。宪法，以及别的法律，都是会有缺点的。什么时候发现，都可以提出修改，反正全国人民代表大会会议一年一

① 毛泽东：《关于宪法草案的修改问题（一九五四年九月十四日）》，《党的文献》，1997年第1期。
② 中共中央文献研究室编：《毛泽东传（1949—1976）》上，中央文献出版社2004年版，第338页。
③ 毛泽东：《关于宪法草案的修改问题（一九五四年九月十四日）》，《党的文献》，1997年第1期。

次，随时可以修改。能过得去的，那就不要改了。"①

随后，会议一致表决通过了这两处修改意见。表决后，毛泽东总结说："这是一个比较完整的宪法了。最先是中共中央起草，然后是北京五百多位高级干部讨论，全国八千多人讨论，然后是三个月的全国人民讨论，这一次全国人民代表大会一千多名代表又讨论。宪法的起草应该说是慎重的，每一条每一个字都是认真推敲了的，但也不必讲是毫无缺点，天衣无缝。这个宪法是适合我们目前的实际情况的，它坚持了原则性，但是又有灵活性。"②至此，宪法草案的讨论和修改工作全部完成。

三、全国人大热议宪法草案

1954年9月15日下午，中华人民共和国第一届全国人民代表大会第一次会议在北京中南海怀仁堂隆重召开。这次会议的首要任务，就是通过审议宪法草案，完成新中国第一部宪法的制定。

---

① 毛泽东：《关于宪法草案的修改问题（一九五四年九月十四日）》，《党的文献》，1997年第1期。
② 毛泽东：《关于宪法草案的修改问题（一九五四年九月十四日）》，《党的文献》，1997年第1期。

1.刘少奇《关于宪法草案的报告》

9月15日，大会开幕当天，刘少奇受中华人民共和国宪法起草委员会委托，向大会做了《关于中华人民共和国宪法草案的报告》。报告分4个部分，3万多字。刘少奇首先简单介绍了宪法草案的起草过程，然后从宪法的历史意义、基本内容、修改意见和结论分别做了具体说明。

第一部分："中华人民共和国宪法草案是历史经验的总结。"刘少奇说："我们制定宪法是以事实作根据的。我们所根据的事实是什么呢？""这就是我国人民已经在反对帝国主义、反对封建主义和反对官僚资本主义的长期革命斗争中取得了彻底胜利的事实"，"就是工人阶级领导的、以工农联盟为基础的人民民主国家已经巩固地建立起来了的事实"，"是我国已经建立起社会主义经济的强有力的领导地位、开始有系统地进行社会主义改造、正在一步一步地过渡到社会主义社会去的事实"。

"从这些事实出发，我们制定的宪法当然只能是人民民主的宪法。这是属于社会主义类型的宪法，而不是属于资产阶级类型的宪法。""我们提出的宪法草案，是中国人民一百多年以来英勇斗争的历史经验的总结，也是中国近代关于宪法问题和宪政运动的历史经验的总结。""全国人民在讨论中热烈地称赞我们的宪法草案，因为这个宪法草案正确地总结了我国的历史经验。""这个宪法草案是我国人民利益和人民意志的产物，是我们国家发生巨大变化的产物。"

第二部分："关于宪法草案基本内容的若干说明。" 这部分是整个报告的重点。刘少奇从"我们国家的性质问题""过渡到社会主义社会的步骤问题""我国人民民主的政治制度和人民的权利和义务""民族区域自治问题"4个方面，对宪法草案的基本内容做了说明。

关于"我们国家的性质问题"。刘少奇重点阐释了工农联盟和各革命阶级统一战线。对于工农联盟，他说："宪法草案在序言和其他许多条文的规定中都表明，在我国的人民民主制度下，还存在着广泛的人民民主统一战线。""工人阶级领导和以工农联盟为基础，标志着我们国家的根本性质。这就表明我们的国家是人民民主国家。"关于其他革命阶级，他说："在我国过渡时期，工人阶级领导的包括各民主阶级、各民主党派、各人民团体的人民民主统一战线具有重要的作用。这是以工农联盟为基础而又较工农联盟更为广泛的联盟，即劳动人民同可以合作的非劳动人民之间的一种联盟。"他还特意强调，"属于其他阶级成分的爱国人士，国家也要很好地团结他们"，"团结越广，对社会主义事业就越有好处"。

关于"过渡到社会主义社会的步骤问题"。刘少奇主要讲了过渡的形式和时间。对于过渡的形式，他说："不论在农业、手工业或者资本主义工商业的社会主义改造过程中"，都可以有"采用灵活的多样的过渡形式"。对于过渡的时间，他说：应该充分认识这是"很艰巨的任务"，"决不可能在一朝一夕完成这种改造"，必须"根据实际的可能性，逐步前进"。此外，刘少奇还分析了通过和平道路建成社会主义的问题，他说，"社会主义经济在国民经济中的领导地位，国内统一战线的关系，并加上有利的国家条件"，这种和平道路就是可行的。

关于"我国人民民主的政治制度和人民的权利和义务"。这部分是整个宪法草案的核心内容，它涉及国家权力分配和公民权利保障的规定，也是全国人大代表们普遍关心的问题。对于我们国家的政治制度之所以是人民代表大会制度，刘少奇说：一是"革命根据地建设的长期经验"，二是参照苏联等"人民民主国家的经验"，三是依据五年国家政治生活经验。在讲到国家主席的地位时，他说："我们的国家元首职权由全国人民代表大会所选出的全国人民代表大会常务委员会和中华人民共和国主席结合起来行使"，"我们的国家元首是集体的国家元首"。同时，"不论常务委员会或中华人民共和国主席，都没有超越全国人民代表大会的权力"。讲到公民权利保障时，刘少奇还专门讲了"高度集中和人民集体主义是不是妨害个人利益和个人自由的问题"。他说："国家是充分地关心和照顾个人利益的，我们国家和社会的公共利益不能抛开个人的利益"，"我们的国家充分保障国家和社会的公共利益，这种公共利益正是满足人民群众的个人利益的基础"。

关于"民族区域自治问题"。刘少奇说："必须让各民族按照民族区域自治的原则自己当家作主，有管理自己内部事务的权利"，目的是消除"民族间的隔阂和歧视"，增进"各民族间的相互信任和团结"。他还特别指出，要加强民族团结，"汉族人民和汉族工作干部必须随时注意克服大汉族思想"，各少数民族也要克服"一种地方民族主义思想"。

第三部分："关于全民讨论中提出的对宪法草案的意见。"对于人民群众提出的意见，刘少奇说："宪法起草委员会都作了考虑"，"在这些意见中，有一部分意见所涉及的问题不是属于宪法的内容，而是属于其他各种法律的内容，这一部分意见应当在制定其他法律的时候去处理"。也有一部分意见提得很好，采纳了群众的意见，宪法草案做了若干改动，"有些是内容的改动，有些是文字和修辞上的改动"。随后，就"几点比较重要的修改"，刘少奇向大会做了说明。①

---

① 详见本书第四章第四节"1.5亿人对宪法草案的讨论"。

第四部分："结论。" 在报告最后，刘少奇强调了宪法的实行问题，他说："宪法是全体人民和一切国家机关都必须遵守的。""一切国家机关的工作人员，都是人民的勤务员"，"一切国家机关都是为人民服务的"，因此，"他们在遵守宪法和保证宪法实施方面，就负有特别责任"。另外，谈到宪法与党的关系，他说："中国共产党是我们国家的领导核心。"党的这种地位，决不应当使"党员在国家生活中享有任何特殊的权利，只是使他们必须担负更大的责任"。中国共产党的党员必须"在遵守宪法和一切其他法律中起模范作用"。一切共产党员都要密切联系群众，"同各民主党派、同党外的广大群众团结在一起"，为宪法的实施而积极努力。①

刘少奇《关于宪法草案的报告》，是对"五四宪法"制定背景、起草过程、历史意义、主要内容、基本精神的系统阐述和权威说明。由于出席一届全国人大的代表，来自不同的阶层、各行各业，受自身经历和文化专业等的限制，对宪法草案的认识也存在不同的局限性。刘少奇的报告有助于全国人大代表迅速了解、掌握"五四宪法"的内容和精神，为接下来的宪法草案的讨论和审议奠定基础。

---

① 中共中央文献研究室编：《建国以来重要文献选编》第五册，中央文献出版社1993年版，第463—513页。

2.全国人大代表关于宪法草案的发言

9月16日至18日，全国人大代表围绕着《中华人民共和国宪法草案》和刘少奇《关于宪法草案的报告》进行了热烈讨论。在此期间，共有89位代表在会议上发言，所有发言的代表都表示"拥护中华人民共和国宪法草案，同意中华人民共和国宪法起草委员会刘少奇委员关于宪法草案的报告，建议会议通过并正式公布中华人民共和国宪法"①。这些发言可以反映出代表们当时的心情和思想。

第一，宪法体现了全国各族人民的根本利益，宪法草案第二条规定"中华人民共和国的一切权力属于人民"。代表们认为我们的宪法草案是"幸福生活的保证"，"每一条都代表着人民的利益"，得到了广大人民和各界民主人士的普遍支持。人大代表结合实际或亲身体验，谈了宪法对人民利益的维护和对宪法的拥护。

山东代表郝建秀说："回想解放前，我们工人到处被人瞧不起，纺织工人被人叫作是'吃花毛的'，我小的时候拾煤渣，人家叫我'小黑鬼'"。"现在，劳动成了光荣的事情，我们工人还能够进学校学习"。"我亲身体验到作为一个中华人民共和国的劳动人民是多么光荣、多么

① 《全国人民代表大会第一次会议 结束关于宪法草案的讨论 并审议通过关于代表资格的审查报告》，《人民日报》，1954年9月19日，第1版。

幸福"。

山西省代表马六孩表示，宪法的每一条都和他的切身利益有关系。他七八岁时就给煤窑上的父亲送饭，自己十来岁就背煤。一个哥哥被煤砸死，一个哥哥病了没钱医，16岁就死了，4个妹妹生下来都被溺死。解放前，他的孩子才9岁，也下了煤窑。可是现在他家住了新房，过着幸福的日子。一家9口，5口上学。几年来还多次到休养地度假休息。"过去哪谈得上劳动者有休息权？不休息也还要担心挨饿。"

安徽代表陈荫南说："大家一定还记得，民国初年，规定选举权的条件是：必须要有五万元以上的恒产，举人以上的功名和每年直接缴纳两块大洋以上的田赋。经过这些条件的限制，选举权只好落在少数有钱人的身上了，这还算什么民主呢？""现在，在我们的国家里，如果就国家制度来说，就整个领导来说，我们可以毫无愧色地说我们完全是民主的了。"①

少数民族代表果基木古说："自解放以来，西康彝族人民在祖国的民族大家庭里，享受了民族平等的权利，当了国家的主人"，"彝族人民现在可以穿上布衣、吃到盐巴，疾病和死亡率大大减少了，小娃娃也可以入学读

---

① 《在第一届全国人民代表大会第一次会议上 代表们关于宪法草案和报告的发言》，《人民日报》，1954年9月17日，第2版。

书了"。①

　　第二，代表们认为宪法草案不仅集中代表了我国六万万人民的意志，是中国人民100多年来革命斗争胜利的产物，更是新中国成立以来的新胜利和新发展的产物，体现了中国对民主政治的追求。

　　湖南代表林伯渠说："这个宪法，是一百多年来，尤其是近三十多年来，中国人民反对帝国主义、封建主义和官僚资本主义的革命胜利的总结，是中华人民共和国成立以来建国的经验的总结，是我国通过和平的道路建成社会主义社会的保证。""这个宪法在制定的过程中，中国各族人民都热烈地参加了讨论的。它既是领导者的经验和广大人民群众的经验的结合，又是中国的经验和苏联及其他人民民主国家的经验的结合。"

　　四川代表张澜说："由于中国共产党领导的新民主主义革命的胜利，中国人民才走上了光明幸福的大道；今天才有了这个真正民主的宪法。""这个宪法是用民主的方式产生的，从中央人民政府委员会到全国每个角落，经过了许多次的讨论，吸收了一切好的意见，真正做到了字斟句酌，尽善尽美"。所以"这个宪法是符合广大人民的共

---

　　① 《在第一届全国人民代表大会第一次会议上 代表们关于宪法草案和报告的发言》，《人民日报》，1954年9月19日，第2版。

同愿望，而为全国人民所一致赞成和热烈拥护的"。^①

北京代表彭真说："这个宪法草案，实事求是地总结了我国人民革命斗争的经验，总结了我国人民建国的经验，表达了我国人民的长期愿望。它不仅用法律形式肯定了我国人民已得的成果，并且明确地规定了我国人民进行社会主义建设和社会主义改造的目标和道路。它是我们各民族人民的利益和意志的最集中的表现。"^②

第三，代表们在赞扬新中国的同时，也坚持实事求是的原则，根据宪法草案的精神，对各方面的工作提出了许多有益的批评和建议。

广东代表陈其尤说："宪法的实行还要依靠全国的人民大众和国家机关工作人员的切实遵守"，"由于少数干部对中央的政策和指示没有很好地体会和遵守，以致造成某些偏差，使人民不满，政府的威信也受到了影响"。"从今以后，我们国家机关的工作人员必须严格地实行宪法的每一条每一句"。"全国人民更不要放弃自己的权利，拿出当家作主的精神，对国家机关工作人员经常监督"。

浙江代表赵忠尧说："有极少数的领导干部和工作人

① 《在第一届全国人民代表大会第一次会议上 代表们关于宪法草案和报告的发言》，《人民日报》，1954年9月17日，第2版。

② 《在第一届全国人民代表大会第一次会议上 代表们关于宪法草案和报告的发言》，《人民日报》，1954年9月18日，第2版。

员，因为和群众接触太少，或者因为骄傲自满，不能倾听人民群众的意见，不能接受群众的监督，以至于犯了各种大小不同的错误。""作为国家机关的干部，我们一定要特别体会宪法草案第十七条的精神，运用批评和自我批评的武器，尽量吸取群众的智慧，提高群众的积极性，发挥民主集中制的最大效力。"①

军队代表陈明仁说："虽然军队五年来，在保卫祖国安全和协助国家进行经济建设方面作了很大贡献，但是仍然有一些缺点。""我们有些人自以为'高人一等'，可以不遵守国家的法律，甚至任意违法乱纪，如随意占住民房，军车不遵守交通规则，经常发生车祸，同政府打交道时态度欠和蔼等。"因此，"要贯彻宪法，要维护宪法，从军队来说"，就要"克服居功自傲的思想，使军队人员成为遵守宪法的模范"。②

第四，代表们还认识到，宪法要施行好，"全体公民和所有的国家机关、民主党派、人民团体都必须严格地遵守宪法"。因此，有必要在全体公民中展开对宪法的宣传和教育，加强守法观念。

山东代表丁玲说："人人有权利，人人就有义务。"

---

① 《在第一届全国人民代表大会第一次会议上 代表们关于宪法草案和报告的发言》，《人民日报》，1954年9月19日，第2版。
② 《在第一届全国人民代表大会第一次会议上 代表们关于宪法草案和报告的发言》，《人民日报》，1954年9月17日，第2版。

"我们拥护我们的宪法，我们就要遵守它，宣传它，和宪法所不允许有的东西作坚决的斗争。""让我们大家为我们的国家，为我们的人民，为我们的宪法的实现，献出我们一切的力量吧！"

四川代表吴玉章说："在宪法通过以后，应该展开广泛的、深入的、全民性的宣传教育。这是贯彻实施宪法的重要条件。""我们的国家机关和各种社会群众组织以及宣传教育组织，都应当把宪法的宣传教育当作自己的重要职责"，"采取各种有效方式和利用各种适当条件，在广大城乡人民群众中进行经常的宣传教育工作，使宪法的精神家喻户晓、深入人心，成为社会生活中每个人的行动规范，而把我们的国家管理工作和建设工作推向前进"。

江苏代表李明扬说："在全国人民的热烈期望中，大会即将通过中华人民共和国宪法草案了"，"今后的问题是如何贯彻实行"。"当然这是全国同胞的共同责任，而我们代表又有更大的责任"，要"忠心耿耿地遵守并奉行宪法的每一条文"，为宪法每一条文的实现贡献出自己的力量。①

全国人大代表的这些发言，既表现了对宪法的衷心拥护，表达了对宪法实行后的政治期待，同时也体现了广大

---

① 《在第一届全国人民代表大会第一次会议上 代表们关于宪法草案和报告的发言》，《人民日报》，1954年9月18日，第2版。

代表各自的思想和智慧，为后人理解和研究"五四宪法"提供了一份有参考意义的辅助材料。

四、庄严时刻：宪法的通过和颁布

1954年9月20日，根据大会议程，第一届全国人民代表大会第一次会议对宪法草案进行表决。会议在通过宪法之前，首先通过了《中华人民共和国第一届全国人民代表大会第一次会议进行无记名方式投票办法》。会议还通过了中华人民共和国第一届全国人民代表大会第一次会议进行无记名方式投票时对发票、投票、计算票数执行监督的35位监票人人选，并宣布了当天用无记名方式通过"中华人民共和国宪法"时的总监票人、副总监票人和监票人名单。[①]

接着，会议执行主席周恩来宣布就《中华人民共和国宪法草案》进行表决。全国人民代表大会代表已报到的共1212人，当天出席会议共1197人，缺席15人。上述代表人数，经秘书处和各代表小组组长核对无误后，周恩来宣布开始发票。在浅红色的"通过中华人民共和国宪法表决票"上面，印有汉、蒙、藏、维吾尔4种文字。不通晓这

---

① 《一届全国人民代表大会第一次会议 一致通过中华人民共和国宪法》，《人民日报》，1954年9月21日，第1版。

4种文字的代表，在写票时，有翻译人员替他说明。

下午4时45分，投票开始。为使投票顺利进行，代表席按照座位划分为8个投票区，每区设置票箱一个，代表们分区同时进行投票。执行主席、秘书长和监票人首先把表决票投入票箱。4时55分，投票完毕。执行主席根据计票人和监票人的报告，向会议宣布点票结果：发票1197张，投票1197张，投票张数和发票张数相等，本次表决有效。

5时55分，执行主席根据计票人和监票人的报告，宣布对《中华人民共和国宪法》表决的结果：投票数共1197张，同意票1197张。执行主席根据投票表决的结果郑重地宣布："中华人民共和国宪法已由中华人民共和国第一届全国人民代表大会第一次会议于一九五四年九月二十日通过。"①

中华人民共和国第一部宪法就此诞生。同日，大会发布公告："中华人民共和国宪法已由中华人民共和国第一届全国人民代表大会第一次会议于一九五四年九月二十日通过，特予公布。"②

9月21日，《人民日报》刊登了《中华人民共和国宪

---

① 《一届全国人民代表大会第一次会议 一致通过中华人民共和国宪法》，《人民日报》，1954年9月21日，第1版。

② 《中华人民共和国全国人民代表大会公告》，《人民日报》，1954年9月21日，第2版。

法》全文，并发表了题为《中华人民共和国宪法——中国人民建设社会主义社会的有力武器》的社论。社论指出："中华人民共和国第一届全国人民代表大会第一次会议，代表着我国六万万人民的意志，于一九五四年九月二十日，庄严地通过了中华人民共和国宪法。""这个宪法是中国人民一百多年来革命斗争胜利的产物，是中国人民从一九四九年建国以来的新胜利和新发展的产物。""这个宪法确定了我国过渡时期的社会经济制度和政治制度，保证了我国的社会主义建设一定能够达到完全的胜利。""为了使这个宪法能够为全体人民所熟悉、遵守和掌握，我们必须在过去全民讨论宪法草案的基础上，把系统的经常的关于宪法的教育，当作今后的公民教育的一个重要内容，使宪法的各项规定深入人心，家喻户晓。"①随后，在中共中央的领导下，开展了全国范围的宪法学习活动，宪法观念和精神开始深入人民群众的心里。

五、"五四宪法"的主要内容和历史地位

1954年宪法，由序言和4章组成，条文共106条。第一章总纲，共20条；第二章国家机关，设6节，共64条；

---

① 《中华人民共和国宪法——中国人民建设社会主义社会的有力武器》，《人民日报》，1954年9月21日，第1版。

第三章公民的基本权利和义务，共19条；第四章国旗、国徽、首都，共3条。"五四宪法"的主要内容有：

第一，关于国家制度。明确了国家性质，宪法规定：中华人民共和国是工人阶级领导的、以工农联盟为基础的人民民主国家。明确了国体是人民民主专政，政体是人民代表大会制度，宪法规定"中华人民共和国一切权力属于人民。人民行使权力的机关是全国人民代表大会和地方各级人民代表大会"。明确了国家结构，是实行单一制。

第二，关于国家的总任务。到1952年，新中国胜利地进行了改革土地制度、抗美援朝、镇压反革命分子、恢复国民经济等大规模斗争，这就为有计划地进行经济建设、逐步过渡到社会主义社会准备了必要条件。宪法指出："从中华人民共和国成立到社会主义社会建设，这是一个过渡时期。"在过渡时期，要依靠国家机关和社会力量，保证逐步消灭剥削制度，建立社会主义社会。因此，宪法规定"国家在过渡时期的总任务是逐步实现国家社会主义工业化，逐步完成对农业、手工业和资本主义工商业的社会主义改造"。

第三，关于经济制度。宪法确定了4种经济所有制：国家所有制，即全民所有制；合作社所有制，即劳动群众集体所有制；个体劳动者所有制；资本家所有制。宪法规定国营经济是全民所有制的社会主义经济，是国民经济中

的领导力量和国家实现社会主义改造的物质基础。国家保
证优先发展国营经济；合作社经济是劳动群众集体所有制
的社会主义经济，或者是劳动群众部分集体所有制的半社
会主义经济，国家保护合作社的财产，鼓励、指导和帮助
合作社经济的发展，并且以发展生产合作为改造个体农业
和个体手工业的主要道路；国家依照法律保护手工业者和
其他非农业的个体劳动者的生产资料所有权，国家指导和
帮助个体手工业者和其他非农业的个体劳动者改善经营，
并且鼓励他们根据自愿的原则组织生产合作和供销合作；
国家依照法律保护资本家的生产资料所有权和其他资本所
有权，国家通过国家行政机关的管理、国营经济的领导和
工人群众的监督，利用资本主义工商业的有利于国计民生
的积极作用，限制它们的不利于国计民生的消极作用，鼓
励和指导它们转变为各种不同形式的国家资本主义经济，
逐步以全民所有制代替资本家所有制。

　　第四，关于国家机构。宪法规定全国人民代表大会是
最高国家权力机关，是行使国家立法权的唯一机关，地方
各级人民代表大会都是地方国家权力机关。中华人民共和
国主席由全国人民代表大会选举。中华人民共和国国务
院，即中央人民政府，是最高国家权力机关的执行机关，
是最高国家行政机关。地方各级人民委员会，即地方各级
人民政府，是地方各级人民代表大会的执行机关，是地方

各级国家行政机关。各级人民法院和专门人民法院行使审判权，各级人民检察院和专门人民检察院是国家法律的监督机关。

第五，关于民族问题。宪法规定各民族一律平等，禁止对任何民族的歧视和压迫，禁止破坏各民族团结的行为。各民族都有使用和发展自己的语言文字的自由，都有保持或者改革自己的风俗习惯的自由，各少数民族聚居的地方实行区域自治，各民族自治地方都是中华人民共和国不可分离的部分。

第六，关于公民的基本权利和义务。宪法规定：中华人民共和国公民在法律上一律平等。公民的基本权利有选举权和被选举权，有言论、出版、集会、结社、游行、示威的自由，有宗教信仰的自由，人身自由不受侵犯，住宅不受侵犯，通信秘密受法律的保护，有居住和迁徙的自由，有劳动的权利，有休息的权利，有受教育的权利等。公民的基本义务有爱护和保卫公共财产，依照法律纳税的义务，依照法律服兵役等。

"五四宪法"的制定在我国国家生活中，是一件具有重大历史意义的事。"五四宪法"以《共同纲领》为基础，反映了近百年来中国人民反对帝国主义、反对封建主义和反对官僚资本主义取得了彻底胜利的伟大事实，总结了中国近代关于宪法问题的历史经验，记录了工人阶级领导的、工农联盟为基础的人民民主国家巩固起来的历程，从中国国情出发，对中国国家的各项基本原则和各项政治制度都做了具体而明确的规定，从而进一步发展了《共同纲领》。"五四宪法"的诞生，结束了《共同纲领》作为临时宪法的历史使命，反映了国家在过渡时期的根本要求和广大人民群众建设社会主义社会的共同愿望。

继"五四宪法"后，我国在1975年、1978年、1982年先后颁布第二、三、四部宪法。我国的现行宪法是在1982年宪法的基础上经过1988年、1993年、1999年、2004年、2018年5次修订、修改而成。宪法作为我国的根本大法，具有最高法律效力，是党和人民意志的集中体现。习近平总书记多次强调宪法具有最高的法律地位、法律权威、法律效力，指出要加强宪法学习宣传教育，弘扬宪法精神，普及宪法知识，为加强宪法实施和监督营造良好氛围。

"五四宪法"虽然是新中国社会政治、经济还处于过渡时期的宪法，但它是我国历史上第一部社会主义类型的宪法，是第一部真正体现人民民主的根本大法。它把原则性和灵活性有机结合起来，既坚持了人民民主原则和社会主义原则，又能从我国的政治、经济、文化等实际出发，采取多种形式和步骤来稳步实现上述原则，从而调动一切积极因素为实现国家过渡时期的总任务而共同奋斗，得到了全国各族人民的欢迎和拥护，发挥了巨大的历史性的推动作用。实践证明，"五四宪法"是一部从形式到内容都很好的宪法，对我国社会主义制度和民主法制建设产生了重要影响。